Symphysodon aequifasciatus aequifasciatus, vermutlich aus dem Tefi oder Coarigebiet.   Foto. B. Kahl

Klaus Schmitz

Erfolgreiche Diskuspflege

Der Weg zu gesunden Diskusfischen

Dähne Verlag

Alle Fotos vom Autor, mit Ausnahme der besonders gekennzeichneten.
Titelfoto: H. G. Petersmann

Bibliografische Information der Deutschen Bibliothek
Die Deutsche Bibliothek verzeichnet diese Publikation in der Deutschen Nationalbibliografie;
detaillierte bibliografische Daten sind im Internet über http://dnb.ddb.de abrufbar.

ISBN-10: 3-935175-36-1
ISBN-13: 978-3-935175-36-4
© 2006 Dähne Verlag GmbH, Postfach 10 02 50, 76256 Ettlingen

Lektorat: Ulrike Wesollek-Rottmann
Layout/Herstellung: Anna Raatz, Ulrike Stauch
Lithos: HWD M. Vogel, Karlsruhe
Druck: Kraft-Druck, Ettlingen
Printed in Germany

Vorwort

Ein neues Buch über Diskusfische und noch dazu mit dem Titel „Erfolgreiche Diskuspflege" – unmöglich und ein Widerspruch in sich? Manche Aquarianer haben aufgegeben, verärgert über Fische, die ihr Futter verweigerten, die dunkel gefärbt in den Aquarienecken hocken, mit weißen Kotfäden umher schwimmen oder verschreckt durch das Aquarium jagen und am Ende, zu Tode mit Medikamenten behandelt, sterben. Abgesehen vom finanziellen Verlust endet so oder ähnlich manches Diskusabenteuer. Die Pflege von Diskusfischen im Aquarium, die mit Parasiten infiziert sind ist und bleibt oft eine Gratwanderung. Dies zeigen die zahlreichen Beispiele der Aquarianer, die mit diesen Problemen konfrontiert wurden und leider immer noch werden. Dabei könnte alles so einfach sein, wie ich aus eigenen Erfahrungen weiß. Engagierten Diskusaquarianern (G. Rahn aus Büren-Ahden und N. Menauer aus Soest) gelang es bereits Anfang der 1990er-Jahre die hartnäckigen und zumeist todbringenden Parasiten bei Diskusfischen erfolgreich und dauerhaft auszurotten. Erste Berichte über die Vorgehensweise zur erfolgreichen Ausrottung solcher Parasiten haben sie im Datz-Sonderheft Diskus (1997) veröffentlicht. Dies war für mich der Anstoß zum Neuanfang einer erfolgreichen Diskuspflege. Unter der Mithilfe von G. Rahn gelang es mir damals 37 Larven von WF-Tieren von Parasiten zu befreien. Die Tatsache, dass ich seitdem bei meinen Tieren keine Medikamentenbehandlungen durchführen musste und kein Tier verloren habe, spricht für sich. Meine hier beschriebenen Erfahrungen mit parasitenfreien Diskusfischen sollen Mut machen, diese Tiere zu pflegen oder vielleicht einen Neubeginn zu wagen.

Mein Dank gilt zuerst meiner Familie, die in ungezählten Stunden während der Manuskripterstellung für dieses Buch, auf mich verzichten musste. Weiterhin all' denjenigen, die mich mit ihren zahlreichen Anregungen, Tipps, interessanten und lehrreichen Diskussionen sowie mit Fotomaterial für dieses Buch unterstützt haben. Ganz besonders danke ich Gerhard Rahn für die Manuskriptdurchsicht.

Augustdorf im Sommer 2006
Klaus Schmitz

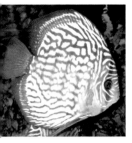

Inhalt

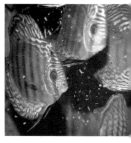

Erste Überlegungen

Aquaristik ist Umgang mit lebenden Tieren. Dies bedeutet die Übernahme einer großen Verantwortung, der sich jeder Pfleger stellt. Von Diskusfischen geht wohl ein ganz besonderer Reiz aus. Liegt es an ihrem majestätischen, imposanten Verhalten, an ihrer aufopfernden Brutpflege oder daran, den *König Amazoniens* im Wohnzimmeraquarium mit anderen Beifischen zu pflegen und sich an ihm einfach zu erfreuen. Diskusbuntbarsche sind weder problematisch noch schwieriger zu pflegen als andere Zierfische. Sie erreichen im Vergleich zu vielen anderen Aquarienbewohnern schon eine stattliche Größe mit 15 bis 18 cm, in seltenen Fällen auch bis zu 20 cm und mehr. Bei richtiger Pflege erreichen die Tiere durchaus ein entsprechend hohes Alter. Jeder Aquarianer, der sich mit dem Gedanken trägt, Diskusbuntbarsche zu pflegen, sollte aquaristische Vorkenntnisse besitzen. Bescheid zu wissen über die Zusammensetzung des Wassers sowie Zusammen-

Wildfang-Nachzucht im Farbschlag Braun. Wildformen-Tiere zeigen eine nicht so eckige, sondern eine mehr abgerundete Schwanzflosse.
Foto:
W. Kochsiek

hänge über die Wechselwirkung unterschiedlicher Wasserparameter zu kennen ist von großer Bedeutung, um vor unliebsamen Überraschungen geschützt zu sein. Fachbücher und Magazine geben Antworten auf viele Fragen bezüglich der Pflege und Vermehrung. Das Internet bietet eine Vielzahl von Diskusseiten. Dennoch ist es besonders für den Einsteiger oft schwierig, die richtigen Informationen zu finden. Müssen es immer die neuesten Produkte, die auf dem Markt sind, sein? Führen altbewährte Methoden oder Vorgehensweisen zum Erfolg? Der persönliche Austausch im Gespräch ist vielleicht die beste Lösung. Die Mitgliedschaft in einem Verein (z.B. dem DCG Arbeitskreis Diskus) oder der Besuch entsprechender Vortrags- und Dis-

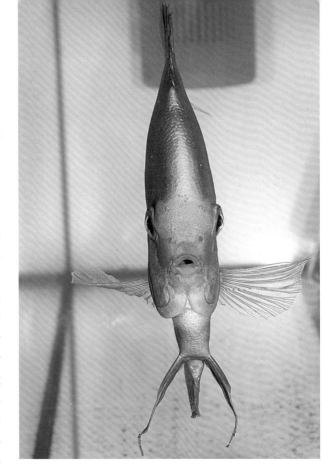

Ein adultes Tier vom Farbschlag Flächentürkis, neugierig an der Aquarienscheibe.
Foto: F. Bitter

kussionsveranstaltungen bieten ideale Möglichkeiten, um von den Erfahrungen der „alten Hasen" zu profitieren und sich auszutauschen.

Für eine erfolgreiche Pflege sind die Aquariengröße, das richtige Pflegewasser, eine ausgewogene Ernährung sowie eine sehr gute Qualität der Diskusbuntbarsche entscheidend. Die Qualität der Fische, neben den äußeren Merkmalen, der runden Form, den fehlerfrei ausgebildeten Flossen und Kiemen usw. ist aber im Besonderen für den weiteren Erfolg entscheidend. Erwerben Sie Tiere, die zwar äußerlich „gesund" erscheinen aber mit Krankheitserregern infiziert sind, kann Ihre Freude schnell getrübt werden. So können sich in Kürze erhebliche Probleme einstellen, die zum Verlust Ihrer wertvollen Fische führen und bereits viele zur Aufgabe des Hobbys zwangen. Ratsam ist die Anschaffung von nachweislich gesunden, parasitenfreien Diskusbuntbarschen. Seitdem es engagierten Aquarianern (G. Rahn und N. Menauer) vor einigen Jahren gelang, die parasitären Erreger im Darm- und Kiemenbereich der Fische erfolgreich auszurotten, ist eine problemlose Pflege und damit über Jahre anhaltende Freude an den Tieren möglich. Die Vorgehensweisen dazu wurden bereits im Datz Sonderheft Diskus 1997 beschrieben, hierzu später mehr. Ziel soll es sein, ein nach eigenen Vorstellungen schön dekoriertes, bepflanztes und gut funktionierendes Aquarium mit prächtigen und gesunden Diskusfischen zu besitzen und sich daran lange Jahre zu erfreuen.

Planungsgrundlagen

Eine weitere asiatische Zuchtform, der oftmals die Querbinden, ein wichtiges Kommunikationsmerkmal, herausgezüchtet wurden.

Wichtig bei der Planung eines bepflanzten Diskusbeckens ist es sich Anregungen zu holen und sich Gedanken über die Gestaltung zu machen, spätere Korrekturen sind ohne großen Aufwand kaum mehr möglich. Bei der Pflanzenplanung ist zu berücksichtigen, welche Arten später gepflegt werden sollen. Pflegetemperaturen bei den ausgewählten Wasserpflanzen bis 28 °C müssen berücksichtigt werden. So ergeben sich viele Fragen: Wie groß kann das Aquarium sein? Wo sollte es aufgestellt werden? Wie viele Diskusbuntbarsche möchte ich pflegen? Welche Pflanzen möchte ich pflegen? Welche Dekoration soll in das Aquarium eingebracht werden? Welche Filterung ist geeignet? Wie wird es beleuchtet? Soll eine Rückwand integriert werden? Soll das Aquarium offen bleiben oder abgedeckt werden? Welcher Bodengrund ist der richtige? Ist eine Bodenheizung erforderlich? Welche Beifische kann ich zusammen mit den Diskusfischen pflegen? So kann die Nähe eines Wasserzu und -ablaufes für die spätere Pflege sehr nützlich sein. Landpflanzen außerhalb des Aquariums können später eine hilfreiche Funktion übernehmen.

Auf der Rückseite einer alten Tapete kann im Maßstab 1:1 die Bodenfläche des Aquariums aufgezeichnet und zugeschnitten werden. Plätze für Dekorationsmaterial und Pflanzen oder Pflanzengruppen lassen sich entsprechend ausschneiden und nach Farbe, Blattform und Größe gruppieren und beliebig verändern.

Symphysodon aequifasciatus aequifasciatus aus dem Tefe/Coari Gebiet sind wegen ihrer roten Punkte sehr beliebt.

Parasitenfreie Diskus

Die Bezeichnung „parasitenfreie Diskus" hat in den letzten Jahren eine zunehmend größere Bedeutung bekommen. Seit der Veröffentlichung im DATZ Sonderheft Diskus im Jahr 1997 ist das Interesse und die Nachfrage nach diesen Tieren stetig gestiegen. Für viele Diskusfreunde, die ihr Hobby bereits aufgegeben hatten, war dies der Neuanfang mit ihrem Hobby. Was versteht man unter dem Begriff: parasitenfreie Diskus? Diese Fische sind frei von obligaten, echten Parasiten, die den Diskusfischen nachweislich erhebliche gesundheitliche Schäden zufügen. Parasiten gehören zu den Organismen, die mit einem Wirt, in unserem Fall, dem Diskus, eine Lebensgemeinschaft eingehen, und ihm zum eigenen Nutzen massiv schaden. Je mehr unterschiedliche Parasiten ein Diskus besitzt und je zahlreicher die einzelnen Gattungen im oder am Diskus vorhanden sind, umso schneller wird er krank. Die Parasiten, die den Diskus stark schädigen und sehr oft zum Tod führen, sind vorrangig: Kiemenwürmer, Darmwürmer und Darmflagellaten. Sicher gibt es noch eine Vielzahl anderer Parasiten, die durch stark belastetes Wasser oder unbiologische Wasserverhältnisse den Tieren schaden

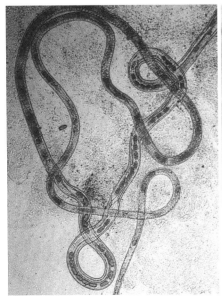 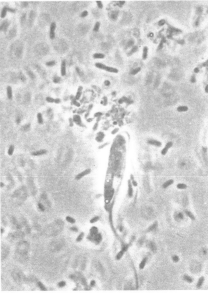

links:
Aufnahme von *Capillaria*. Parasitieren diese im Darm der Diskus kommt es zur Futterverweigerung, Absonderung und Abmagerung.

rechts:
Mikroskopaufnahme eines Flagellaten der Gattung *Bodomonas* in 1050-facher Vergrößerung. Größe ca. 16 Mikrometer. Deutlich an der gestreckten ovalen Form mit zwei Geißeln zur Fortbewegung zu erkennen.

können. Im Fachhandel sind zwar geeignete Präparate erhältlich, die auch bei richtiger Anwendung nicht immer helfen, das Problem zu lösen. Vor einigen Jahren gelang es engagierten Aquarianern die vorhandenen Parasiten erfolgreich auszurotten und somit Bestände parasitenfreier Diskusfische aufzubauen, die sich dann völlig natürlich weiter fortpflanzten. Die Behauptung, dass parasitenfreie Diskus anfälliger gegen Krankheiten sind, ist ein immer noch verbreiteter Irrglaube, das Gegenteil ist der Fall. Was unterscheidet aber die „freien" Tiere von infizierten Diskusfischen?

Diese Fische wurden nicht, wie irrtümlich oft zu erfahren ist, steril gezüchtet. Auch Zuchtanlagen mit parasitenfreien Diskus werden von Bakterien, Pilzsporen und Hefen besiedelt. Die Fische zeigen ein wesentlich aktiveres Schwimmverhalten, sind nicht wählerisch bei der Futteraufnahme, zeigen ein besseres Wachstum mit einer optimalen Nahrungsverwertung und zügiger Verdauung. Verluste bei der Vermehrung sind weitgehend eliminiert. Der optimale Gesundheitszustand hilft den Fischen, Stressfaktoren viel leichter zu bewältigen.

Verbreitet ist auch immer noch die Meinung, dass Diskusfische Parasiten zur Stärkung des Immunsystems brauchen bzw. in der Natur auch damit zurecht kommen. Dies alles trifft nicht zu. Wie können natürliche Verhältnisse im Biotop

Rot-Türkisfarbene Zuchttiere des Autors, beim Bewachen der Larven.

mit Aquarienverhältnissen gleich gesetzt werden? Wie soll der Diskus einen Parasitenbefall kontrollieren? Im Aquarium wird das Immunsystem der Diskus von unterschiedlichen Einflüssen strapaziert. Eine Stärkung des Immunsystems erfolgt nicht durch Parasiteninfektion, sondern unterliegt völlig anderen Faktoren. In jedem Aquarium gibt es beispielsweise Pilze, Hefen und Bakterien, die neben anderen Stressfaktoren (Überbesatz, falschen Wasserwerte, falscher Ernährung) das Immunsystem der Diskus mehr als ausreichend beschäftigen. So kann das Immunsystem eines adulten Diskus, vorausgesetzt alle Pflegeparameter stimmen, durchaus mit einigen Kiemenwürmern fertig werden. Wo ist aber die Grenze und wie soll das Immunsystem die Vermehrung der Kiemenwürmer stoppen? Dagegen kann eine Brut junger Diskusfische an einem Kiemenwurmbefall oder einer Infektion mit Darmparasiten in kürzester Zeit qualvoll sterben.

Parasitenfreie NZ-Diskus vom Farbschlag Rottürkis.

Häufig ist zu lesen, dass man eine breite Palette von Medikamenten bereit halten soll, um bei einem unerwarteten äußerlich erkennbaren Befall den Erregern zu Leibe zu rücken. Unerwartet kommt ein Befall mit Parasiten jedoch nie. In der Regel sind die Anzeichen bei den Fischen frühzeitig zu erkennen. Sind die typischen äußeren Anzeichen, so z.B. Dunkelfärbung, Futterverweigerung, fädiger weißer Kot erkennbar, ist es für eine erfolgreiche Behandlung meist ohnehin zu spät. Mit einer erfolgreichen Behandlung ist das vollständige Ausrotten und nicht das Reduzieren der Parasiten gemeint. Frisst ein Diskus nach einer durchgeführten Behandlung wieder, ist dies längst kein sicheres Anzeichen einer vollständigen Vernichtung der Erreger. Nach heutigen Erkenntnissen erfolgt mit den Behandlungen auch in immer höher werdenden Dosierungen lediglich eine Reduzierung des Befalls. Ständige Medikamentengaben versetzen die Tiere jedoch in zusätzliche Stresssituationen. Die eingesetzten Medikamente haben, wie in der Humanmedizin, Nebenwirkungen und verursachen erhebliche Schädigungen an den inneren Organen der Fische. Diese Schädigungen führen oftmals zum Versagen der inneren Organe und zum Tod der Fische. Wären Parasiten kein Problem, bräuchten wir an Universitäten keine Lehrstühle für Parasitologie. Regelmäßige Entwurmungen oder das Impfen von Katzen und Hunden wären über-

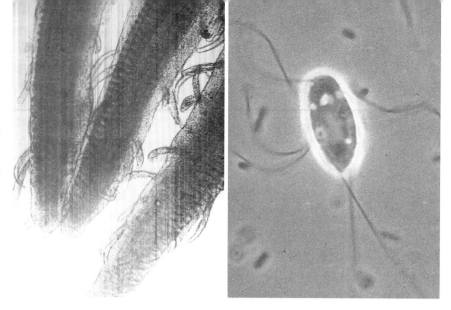

links:
An Kiemenblättern hängende Kiemenwürmer. Ihre Vermehrung kann so rasch erfolgen, dass eine ganze Diskusbrut innerhalb von vier Wochen daran sterben kann.

rechts:
Darmparasit *Spironucleus* bei 1500-facher Vergrößerung. Seine Größe beträgt 12 Mikrometer.

flüssig. Viele Aquarianer, die sich mit der Pflege von Diskusbuntbarschen beschäftigten oder beschäftigt haben, kennen das leidige Problem. Diskusfische, die sich dunkel färben, sich absondern, verschreckt durchs Aquarium schwimmen, das Futter verweigern und weißliche Kotfäden hinter sich her ziehen. Anzeichen, die nicht von ungefähr kommen, sondern eine Ursache haben. Es ist davon auszugehen, wenn die Randbedingungen stimmen, dass beim Auftreten dieser Symptome mit sehr großer Wahrscheinlichkeit eine Infektion mit den bekannten Erregern vorliegt. Umstände, die diese Situation begünstigen, sind der große Durchsatz an Zierfischen im Fachhandel, die Blockfilterung der Verkaufsanlagen oder der häufige Wechsel von Zierfischen in den Hälterungsanlagen. Der Käufer erwirbt möglicherweise Tiere getreu einem Urlaubsversprechen, „all inclusive".

Ein Beispiel: In einem 300-Liter-Aquarium werden 10 kleine Diskusfische aufgezogen. Die Fische werden mehrmals täglich gefüttert, um ein gutes Wachstum zu erreichen. Das Wasser im Becken wird gewechselt, jedoch durch Futter und Ausscheidungen der Tiere immer wieder neu belastet. Erste kleine Rangeleien entstehen durch Futterneid beim Fressen. Mit zunehmender Größe und dem Eintreten der Geschlechtsreife kommen weitere Stressoren, wie z.B. stärkere Rangkämpfe und ein Überbesatz durch jetzt erwachsen gewordene zehn Fische. Mikroorganismen vermehren sich und belasten auch das Immunsystem der Tiere. Plötzlich bemerkt man, dass sich ein Tier, meist ein schwächeres, dunkel färbt und absondert. Von anderen Insassen wird dieses gejagt und in eine Ecke des Beckens gedrängt. Die gejagten Tiere nehmen meist wenig oder überhaupt keine Nahrung mehr auf. Ihnen fehlen somit Spurenelemente, Mineralien und Nährstoffe, die ihre Abwehrkräfte, ihr Immunsystem, aufrecht erhalten. Im weiteren Verlauf werden die Fische mehr und mehr geschwächt, so dass sich Bakterien im Innern, die ansonsten problemlos abgewehrt werden, stark vermehren. Das Immunsystem des Fisches ist völlig überfordert, sodass sich auch die wenigen bereits vorhandenen Darmparasiten explosionsartig vermehren. Große Mengen dieser Erreger werden über den Kot an das Wasser abgegeben und gefährden plötzlich den gesamten Diskusbestand. Der ständige Stress schädigt zudem die Darmschleimhaut, sodass diese Fische zeitweise beginnen, weißen Kot auszuscheiden oder weißliche Kotschnüre hinter sich herziehen. Der Organismus versucht die fehlenden Nährstoffe aus der eigenen Körpersubstanz zu ziehen, die Fische beginnen abzumagern. Dies erklärt auch das starke Einfallen im Kopfbereich der Diskus. Die entstandenen Löcher sind auf den Abbau von Knorpelsubstanz zurückzuführen und äußern sich oftmals als Lochkrankheit. Die inneren Organe der Tiere versagen, die Bildung von roten Blutkörperchen und die Ausscheidung von Flüssigkeiten werden behindert. Die Flüssigkeit diffundiert in Leibes- und Augenhöhlen hinein, was dann als starke Auftreibungen äußerlich erkennbar ist. Ein langer Leidensweg geht zu Ende. Zwischenzeitlich sind die beschriebenen Anfangssymptome bei weiteren Fischen des Besatzes zu erkennen. Es wurde bereits nachgewiesen, dass die zur Verfügung stehenden Medikamente zur Bekämpfung der Darmparasiten, die längst nicht mehr ausschließlich über den Zoofachhandel zu beziehen sind und deren Beschaffung daher auch rechtlich umstritten ist, diesen Befall lediglich reduzieren, nicht aber ausrotten. Infizieren Sie sich bei-

links:
Hervorragender Diskus mit sehr schöner Form und typischer WF-Farbe.

rechts:
Männliches F2-Nachzuchttier *Symphysodon aequifasciatus aequifasciatus*, das bereits mehrfach im Pflanzenbecken abgelaicht hat.

spielsweise mit Kopfläusen, werden Sie sehr wohl alle vernichten wollen und nicht einige übrig lassen, um sich dann weiter am Kopf zu kratzen. Selbst wenn Diskusfische nach einer durchgeführten Behandlung wieder Futter aufnehmen, ist dies leider noch kein Anzeichen für einen Behandlungserfolg. Dieser Erfolg kann ausschließlich mikroskopisch durch eine präzise und detaillierte Untersuchung des Darminhaltes aus verschiedenen Darmbereichen nachgewiesen werden. Bleibt bei der Behandlung beispielsweise nur

Parasitenfreie Jungfische in der künstlichen Aufzucht. Das Gelege wurde den Elterntieren weggenommen und in einer einprozentigen Formalinlösung desinfiziert. Danach wurde der Laich in ein mit neu aufbereitetem Wasser gefülltes Becken überführt und die Larven schlüpften.

links:
Halbwüchsige Alenquer NZ-Tiere.
Foto: R. Kämpf

rechts:
Wurden die Beifische, hier Schmetterlingsbuntbarsche, künstlich aufgezogen und bei der mikroskopischen Untersuchung keine Krankheiten nachgewiesen, ist eine Vergesellschaftung problemlos möglich.
Foto: R. Kämpf

ein Erreger lebensfähig, ist dies der Beginn einer neuen Infektion. Werden parasitenfreie Diskus mit infizierten Diskus oder anderen Beifischen vergesellschaftet, sind die freien Tiere nachweislich innerhalb weniger Tage wieder infiziert. Eine erneute Infektion durch andere Fische aber auch durch Wasserpflanzen muss daher natürlich ausgeschlossen werden. Es ist daher unmöglich, neue Fische oder Pflanzen ohne Quarantänemaßnahmen und ohne eine entsprechende Überprüfung in das Diskusbecken einzusetzen. Disziplin ist daher mitentscheidend, wenn wir lange Jahre Freude an unseren Fischen haben möchten.

Türkisfarbene Diskusbuntbarsche mit schöner Körperform.   Foto: H. G. Petersmann

Das Aquarium

Größe, Einrichtung, Standort

Meine Devise bei der Pflege von Diskus lautet: so viel Technik wie nötig, aber so wenig wie möglich.

Diskusfische können zu stattlichen Fischen mit einer Endgröße bis zu 18 Zentimetern und mehr heranwachsen. Daher rechnet man je ausgewachsenem Diskus ein Wasservolumen von ungefähr 50 Litern. Dieses Volumen bezieht sich auf das Nettovolumen des Aquariums, d.h. der freie Schwimmraum des einzelnen Fisches, abzüglich der Dekoration. Berücksichtigt werden muss auch Höhe des Bodengrundes und die Tatsache, dass kein Aquarium randvoll gefüllt ist. Schnell sind hierbei 100 bis 200 Liter Wasservolumen verloren, die den Fischen nicht zur Verfügung stehen. Von Beginn an sollten Sie nicht zu viele Fische einplanen, um Pro-

Eingerichtetes Diskusbecken mit Ufergestaltung, wie es meist nur bei Ausstellungen zu sehen ist.

bleme, die sich erst später einstellen können, auszuschließen. Für die Pflege von vier ausgewachsenen Fischen ist demnach ein 450-Liter-Aquarium empfehlenswert (also z.B. ein Becken mit folgenden Maßen: Breite: 150 cm, Höhe: 50 cm, Tiefe: 60 cm.) Die Formen des Aquariums können vielfältig sein, spielen dabei eine eher untergeordnete Rolle. Die Beckendiagonale sollte 70 cm nicht überschreiten, da sich sonst die Pflegearbeiten schwierig gestalten, weil Ihre Arme zu kurz sind.

Sinnvoll ist es, wenn man sich verklebte Becken seines gewählten Herstellers ansieht, um sich von der Qualität seiner Arbeit zu überzeugen. Die Beckenkanten sollten geschliffen und poliert sein. Luftblasen im Silikon dürfen ebenso wie Muscheln (abgeplatzte Glasstücke in der Glasoberfläche) nicht zu erkennen sein. Für das genannte Beispiel sollte eine Glasstärke von 12 mm gewählt werden. Achten Sie aus Stabilitätsgründen auf das Vorhandensein

Es muss nicht immer Glas sein. Hier ein Aquarium aus Holz, bei dem die Frontscheibe noch nicht eingesetzt wurde.
Foto:
H. Gröbblinghoff

Aquarium mit automatischer Steuerung und Rieselfilter. Zur Diskuspflege aber nicht zwingend erforderlich.

Hier wurde ein Edelstahlbehälter zum Filter umfunktioniert. Beachtet werden muss, dass sich keine Fremd-/Giftstoffe aus den verwendeten Materialien herauslösen. Speziell das ständig schwach saure Wasser könnte zu Problemen führen.

eines Mittelsteges. Aus Kostengründen ist es ratsam, sich an Standardmaßen zu orientieren, da Sondermaße meist auch Sonderpreise haben. Diese Sonderpreise beziehen sich dann auch auf Unterschrank oder Abdeckung mit Beleuchtung.

Zur Diskuspflege sind keineswegs immer High-Tech-Anlagen notwendig. Auch kostengünstige Anlagen, die selbstverständlich allen sicherheitsrelevanten Ansprüchen entsprechen müssen, gewährleisten eine erfolgreiche Pflege. Gute Planung erleichtert die Pflege, spätere Korrekturen sind zwar möglich aber aufwändig und meist sehr teuer. Plant man den Einbau einer Rückwand, oder sollen Lochbohrungen an bestimmten Stellen eingebracht werden, oder soll es ein eingeklebter Überlaufschacht zum Filter sein oder letztlich die Anordnung von Glasstegen, ist es klug, dies vorher abzuklären.

Für den Standort eines Diskusaquariums sind die Deckenbelastung und Sonneneinstrahlung zu berücksichtigen. Bei Unsicherheiten erhalten Sie hierzu entsprechende Hinweise vom Fachmann. Vorteilhaft kann es bei späteren Pflegearbeiten sein, wenn das Aquarium von den Seiten zugänglich ist und wenn Wasserzu und -ablauf in unmittelbarer Nähe des Aquariums vorhanden sind. (Ich kenne einen erfinderischen Aquarianer, der das Wechselwasser seines Aquariums über entsprechend installierte Einrichtungen weiter zur Toilettenspülung verwendet).

Abtöten von Krankheitserregern

Auch ein gebrauchtes Aquarium kann zur Pflege von parasitenfreien Diskusfischen verwendet werden. Hierzu sind

oben:
Halbwüchsige rottürkisfarbene Neuzüchtung im Aquarium.
Foto: R. Kämpf

unten:
Nachzuchttiere, für das Pflanzenaquarium allerdings zu klein. Häufige Fütterungen führen zu unerwünschten Problemen wie z.B. Algenwachstum.

jedoch einige Vorbereitungen erforderlich, um eine Reinfektion der Tiere auszuschließen. Am einfachsten ist es ist, das Becken mit warmem Wasser randvoll zu befüllen und die Wassertemperatur mit einem oder mehreren Tauchsiedern auf 55 °C zu erhitzen. Messen Sie die Temperatur mit einem üblichen Badethermometer und halten Sie diese über zwei Stunden aufrecht. Sorgen Sie während dieses Zeitraumes für eine gute Wasserumwälzung durch zusätzliche Belüftung um eine gleichmäßige Temperaturverteilung zu erreichen. Diese Erwärmung des Wassers tötet mögliche vorhandene Krankheitserreger sicher ab. Das komplette Zubehör kann ebenfalls in das erwärmte Wasser hineingelegt werden. Sollten Sie mit dem Aquarium einen gebrauchten Topffilter erworben haben, sind Filtermaterial und Schläuche nicht zu verwenden und müssen ersetzt werden. Die Wasser führenden Teile der Pumpe sind zu zerlegen und gründlich zu reinigen. Die Deckscheiben oder die Abdeckung des Beckens sind ebenso gründlich zu reinigen und zu trocknen. Zusätzlich können diese Zubehörteile mit einer Desinfektionslösung gereinigt werden.

Das Einfahren des Aquariums

Jedes neu eingerichtete Aquarium ist in der Startphase instabil, da Bakterienkulturen zur Stoffumwandlung fehlen. Verwenden Sie keinesfalls Filtermaterial oder Wasser aus fremden Aquarien, dadurch könnten unkontrolliert Krankheitserreger übertragen werden. Ausschließlich mit Altwasser aus fremden Aquarien ist ein Animpfen ohnehin nicht möglich, da die Filterbakterien zu den sesshaften Bakterienarten gehören. Die ersten drei Wochen sollten Sie Ihr Aquarium ohne Fischbesatz betreiben, damit schnell wachsende Pflanzen wie beispielsweise *Cabomba, Ceratopteris, Limnophila, Myriophyhyllum* anwurzeln können. Starterbakterien aus dem Fachhandel bzw. Filtermaterial aus Filtern parasitenfreier Diskusbecken erleichtern den Filterstart. Da die Fische im Becken noch fehlen, müssen die Filterbakterien „gefüttert" werden, es ist also notwendig eine organische Belastung zu schaffen, also am besten Futter wie bei den späteren täglichen Fütterungen, ins Aquarium zu streuen. Für die Filterbakterien ist unwichtig, ob das Futter im Wasser verdirbt bevor es den Fischdarm als Kot verlässt und das Wasser belastet. Nach Ablauf von drei Wochen sollten Sie das Becken zunächst mit einigen Welsen besetzen. Hierbei ist es wichtig, Tiere aus parasitenfreien Anlagen zu erwerben, um vor späteren parasitären Infektionen bewahrt zu bleiben. Leider sind nicht alle Welsarten frei von Parasiten, aber verschiedene Arten *(Ancistrus dolichopterus, Sturisoma aureum, Corydoras sterbai)* sind bei Züchtern, die bereits parasitenfreie Diskus pflegen, zu erwerben. Am besten kauft man kleine Gruppen, die in den folgenden Wochen zur weiteren Stabilisierung des Aquariums beitragen werden.

Nun tritt Ihr Aquarium in eine „kritische Phase" ein. Die Wasserwerte, Temperatur, pH-Wert, NO_2, PO_4, NH_3 müssen in der Startphase sehr häufig überprüft werden. Durch die Fütterung und die Ausscheidungen der Fische entstehen weitere organische Belastungen, die relativ schnell von Mikroorganismen zu Ammonium/Ammoniak zersetzt werden. Der noch nicht voll entwickelte Bakterienaufwuchs im Filter kann die angefallene Belastung allerdings noch nicht bewältigen. Die Nitrobacter Bakterien konnten sich bislang nicht entwickeln, da ihnen die Nahrung, das Nitrit, fehlte. Es erfolgt also der Abbau von Ammonium/Ammoniak und das nächste Problem der Nitritanstieg ist zu erwarten. Messwerte von 1,0 mg NO_2/l gelten als Warnsignal! Nach etwa sechs Wochen Einlaufzeit, wenn sich beide Bakterienpopulationen in ausreichender Anzahl entwickelt haben, läuft die Nitrifikation simultan ab. Jetzt können Ihre parasitenfreien Diskusfische einziehen.

Die Einrichtung

Bei der Einrichtung sollten Rückzugsmöglichkeiten und Unterstände nicht vergessen werden, da diese wichtige Revierabgrenzungen darstellen. Bedenken Sie, dass in der Natur die Sichtweiten unter Wasser, bedingt durch Färbung oder Trübstoffe, nicht sehr groß sind. Eindringlinge sind, nachdem sie verjagt wurden, bereits kurze Zeit später aus der Sichtweite des Rivalen verschwunden. Anders im Aquarium, hier sind Rückzugsmöglichkeiten für die in der Rangordnung unterlegenen Tiere absolut wichtig. Für die weitere Einrichtung möchte ich zwei Vorschläge machen: eine „biotopnahe Einrichtung" oder ein „Pflanzenaquarium", das nach eigenen Vorstellungen ausgestattet wird.

Das Biotopaquarium

Herrliche WF-Tiere (*Symphysodon aequifasciatus aequifasciatus*) sind immer ein Blickfang im Aquarium.

Hierbei orientiert man sich so weit wie möglich an den Bedingungen der heimatlichen Diskusbiotope und versucht diese zu imitieren. Als Bodengrund finden Sie ausschließlich feinen weißen Sand mit reichlichen Ablagerungen von Laub, Totholz und Detritusschichten, besiedelt von Mikroorganismen und unterschiedli-

chen Kleinlebewesen. Die Sichtweiten unter Wasser sind aufgrund der verschiedenen Wassertypen zwar unterschiedlich, betragen aber maximal 2,5 Meter. Im Uferbereich bestimmen je nach Jahreszeit stark unterspülte Wurzelgebilde das Unterwasserbild, die den Diskus auch entsprechenden Schutz bieten. Uferbereiche sind teilweise mit großflächigen Schwimmpflanzenbeständen von *Eichhornia*-Arten, den so genannten schwimmenden Wiesen überwuchert. In abgelegenen Flussarmen findet man noch große Bestände von *Victoria amazonica* mit ihren bis zu zwei Meter groß werdenden Blättern, die zur Gruppe der Seerosenfamilie Nymphaeceae zählt. Sie bieten optimalen Schutz vor Fressfeinden aus der Luft. Submerse Wasserpflanzen fehlen fast immer, da das schwache Licht für die Photosynthese nicht ausreicht und das Wasser nährstoff- und mineralarm ist. Diskusfische leben nicht im Freiwasser, sondern in

Ein Schwarm Nachzuchttiere vom Farbschlag Flächentürkis gemeinsam mit Altum Skalaren im Schaubecken.

Symphysodon aequifasciatus aequifasciatus, F2-Nachzuchten des Autors im Pflanzenbecken.

Ceratopteris cornuta, der Hornfarn bildet auch unter der Wasseroberfläche ein dichtes Blatt- und Wurzelwerk.

großen Gruppen oder Schwärmen von Hunderten Tieren fast ausschließlich in ufernahen Zonen, nahe bei umgestürzten Bäumen oder in schmalen Einmündungsbereichen anderer Flussmündungen mit nur geringer Wasserströmung.

Wie aber lässt sich dies im Aquarium umsetzen? Als Bodengrund verwende ich Quarzsand in einer Körnung von 0,5 bis 1,5 mm aus dem Baumarkt. Die Schichthöhe in meinem Aquarium beträgt dabei etwa 7 cm. Der Sand kommt dem natürlichen Fressverhalten der Diskus entgegen, da durch das Einblasen von Wasser alles Fressbare aufgewirbelt und anschließend gefressen wird. Auch bei anderen Beifischen, zum Beispiel Welsen, kommt der Sandboden gelegen, da hierdurch eine Verletzung ihrer empfindlichen Barteln ausgeschlossen ist. Laub, z.B. die großen Blätter des Seemandelbaumes oder heimische Buchenblätter *(Fagus sil-*

Asiatische Diskus-
farbformen sind
in vielfältigen
Farbkvariationen
im Handel zu
erwerben. Die-
sen Tieren feh-
len zumeist die
diskustypischen
Querbinden zur
internen Kom-
munikation in
der Gruppe.
Fotos: A. Spreinat

See bei Cuipera, von dort kommen die herrlich gefärbten „Cuipera"-Diskus Foto: „discusman" J. Schütz.

Seemandelbaumblätter wirken sehr dekorativ, können das Wasser positiv beeinflussen und werden von Welsen nach einiger Zeit völlig weggeraspelt. Getrocknete Eichenblätter erfüllen den gleichen Zweck und sind kostenlos.

vatica) sind ebenfalls hervorragend geeignet und vermitteln dem Betrachter einen natürlichen Eindruck. Verwendet wird das braune abgefallene Herbstlaub von Buche oder Eiche, das sich am längsten unter Wasser hält. Die Blätter dienen allerdings nicht zur Zierde. Sie bieten Welsen organisches Material zum Abraspeln, Zwergbuntbarsche laichen sogar auf diesen Blättern und Jungfische finden ideale Unterschlupfmöglichkeiten. Sammeln Sie an einem Herbsttag getrocknetes Buchenlaub abseits viel befahrener Straßen, so haben Sie ein kostengünstiges Dekorationsmaterial. Vor dem Einbringen ins Aquarium sollte das Laub jedoch behandelt werden. Alle Blätter werden in einen Eimer gegeben und mit 80 bis 90 °C heißem Wasser übergossen. Den Ansatz lässt man abkühlen und ca. 8 Stunden stehen. Dieser Vorgang wird insgesamt dreimal wiederholt. Zuletzt werden die Blätter kalt abgespült und

Sandboden, wie in den natürlichen Biotopen zu finden, kommt dem Fressverhalten der Diskus sehr entgegen. Quarzsand aus dem Baumarkt kann dazu verwendet werden.

können getrocknet und gelagert oder im Aquarium verteilt werden. Das Aquarienwasser färbt sich durch die braunen Farbstoffe der Blätter leicht gelblich. Je nach Anzahl der Blätter im Verhältnis zum Wasservolumen ist ein geringes Absinken des pH-Wertes zu erwarten. Begleitende pH-Wert-Messungen sind daher auf jeden Fall ratsam. Zur Auflockerung kann der Sandboden auch teilweise mit Torffasern bedeckt werden. Streuen Sie die Torffasern aus dem Fachhandel einfach auf die Wasseroberfläche, sie sinken nach einigen Tagen ab und unterbrechen das einheitliche Weiß des Sandbodens. Die Torffasern können Sie auch einige Tage vorher in einem Eimer einweichen. Mit runden faustgroßen Flusskieselsteinen, die vorher im Backofen bei 120 °C für 30 Minuten erhitzt wurden, um Krankheitserreger abzutöten, kann das Einrichtungsbild abgerundet werden. Achten Sie bei den Steinen unbedingt darauf, dass sie frei von Kalk sind, damit das Wasser nicht aufgehärtet wird. Getestet wird dies mit einigen Tropfen Salz- oder Schwefelsäure die auf den Stein getröpfelt werden. Bildet sich nach dem Auftropfen kein Schaum, sind keine Härtebildner enthalten und der Stein kann verwendet werden. (Achtung: Beim Umgang mit Säuren unbedingt Schutzmaßnahmen wie Schutzhandschuhe und Schutzbrille treffen). Damit sich die Fische nicht verletzten, verwenden Sie wegen der rauen Oberfläche kein Lavagestein.

Vermeiden Sie es, das Becken durch die Einrichtungsgegenstände optisch in zwei Hälften zu teilen. Die Wasserströmung des Filters sollte so gelenkt werden, dass nicht die ganze Bodengrunddekoration in eine Ecke des Beckens gespült wird.

links:
Zuchtpaar aus der Anlage von G. Rahn im Farbschlag red spotted.
Foto: G. Rahn

rechts:
WF F2-Nachzucht im Alter von acht Monaten.

Gut eingewöhn-
ter WF-Diskus
*S. aequifasciatus
haraldi.*
Foto: A. Spreinat

Türkisfarbener
NZ-Diskus dessen
Körper eine
leicht gestreckte
Form zeigt.
Foto: F. Bitter

Das Pflanzenaquarium

Ein dekoratives Pflanzenaquarium ist auch für die Diskuspflege möglich. Hierzu ist es sinnvoll, sich vorher mit Hilfe eines Pflanzplanes einen Überblick zu verschaffen. Die später verwendeten Wasserpflanzen sollten, um keine Krankheitserreger einzuschleppen, aus Meristemkulturen stammen und mit den Wassertemperaturen um 28 °C zurecht kommen.

Nach meinen Erfahrungen eignen sich folgende Pflanzenarten sehr gut zur Bepflanzung eines Diskuspflanzenbeckens.

Für den Vordergrund: Zwergspeerblätter *(Anubias barteri* var. *nana)*, Wendts Wasserkelche *(Cryptocoryne wendtii)* und das schmalblättrige Pfeilkraut *(Sagittaria subulata)*. Für den Mittelgrund und Hintergrundbereich: Javafarn *(Microsorium pteropus)*. Da dieser Adventivpflanzen an seinen Blättern bildet, kann damit ein

Das Trugkölbchen *(Heteranthera zosteriofolia)* lässt sich im Diskusaquarium gut kultivieren.

sehr schöner und dekorativer Etagenwuchs bis zur Wasseroberfläche erzielt werden. Weiterhin eignen sich das Trugkölbchen *(Heteranthera zosteraefolia)*, die Tigerlotus *(Nymphaea lotus)*, der Kongowasserfarn *(Bolbitis heudelotii)*, die brasilianische Wassernabel *(Hydrocotyle leucocephala)*, das Kirschblatt *(Hygrophyla corymbosa)*, der indische Wasserstern *(Hygrophyla difformis)* oder der indische Wasserfreund *(Hygrophyla polysperma)* sowie Schwertpflanzen der Echinodorus-Varianten. Das Javamoos *(Vesicularia dubyana)* kann Einrichtungsgegenstände sehr natürlich aussehend überziehen. Als Schwimmpflanze eignet sich bei regelmäßiger Ausdünnung hervorragend der Hornfarn *(Ceratopteris cornuta)*. Diese Pflanzenarten zeigen auch mit der Beleuchtung durch Vollspektrumenergiesparlampen ein gutes Wachstum. Bei Anwendung des goldenen Schnittes, wird Ihnen die Einrichtung sicher gelingen. Wichtig ist aber, dass Sie ausreichend freien Schwimmraum belassen.

KH (°dH)	pH 6,0	6,1	6,2	6,3	6,4	6,5	6,6	6,7	6,8	6,9	7,0	7,1	7,2	7,3	7,4	7,5	7,6	7,8	7,9	8,0
1	32	25	20	16	13	10	8	6	5	4	3	3	2	2	1	1	1	1	0	0
2	64	50	40	32	25	20	16	13	10	8	6	5	4	3	3	2	2	1	1	1
3	95	76	60	48	38	30	24	19	15	12	10	8	6	5	4	3	2	2	1	1
4	127	101	80	64	51	40	32	25	20	16	13	10	7	6	5	4	3	2	2	1
5	159	126	100	80	63	50	40	32	25	20	16	13	10	8	6	5	4	3	2	2
6	191	151	120	96	76	60	48	38	30	24	19	15	12	10	8	6	5	3	2	2
7	222	177	140	111	89	70	56	44	35	28	22	18	14	11	9	7	6	4	3	2
8	254	202	160	127	101	80	64	51	40	32	25	20	16	13	10	8	6	4	3	3
9	268	227	180	143	114	90	72	57	45	36	29	23	18	14	11	9	7	5	4	3
10	318	252	200	159	126	100	80	63	50	40	32	25	20	16	13	10	8	5	4	3
11	350	278	221	175	139	111	88	70	55	44	35	28	22	18	14	11	9	6	4	3
12	381	303	241	191	152	121	96	76	60	48	38	30	24	19	15	12	10	6	5	4
13	413	328	261	207	164	131	104	82	65	52	41	33	26	21	16	13	10	7	5	4
14	445	353	281	223	177	141	112	89	70	56	44	35	28	22	18	14	11	7	6	4
15	477	379	301	239	190	151	120	95	76	60	48	38	30	24	19	15	12	8	6	5
16	508	404	321	255	202	161	128	101	81	64	51	40	32	25	20	16	13	8	6	5
17	540	429	341	271	215	171	136	108	86	68	54	43	34	27	22	17	14	9	7	5
18	572	454	361	287	228	181	144	114	91	72	57	45	36	29	23	18	14	9	7	5
19	604	480	381	303	240	191	152	120	96	76	60	48	38	30	24	19	15	10	8	6
20	635	505	401	318	253	201	160	127	101	80	64	50	40	32	25	20	16	10	8	6

Tabelle nach Angaben der Fa. Dennerle

Die Pflanzendüngung mit CO_2

Kohlendioxid ist für Wasserpflanzen der wichtigste Nährstoff, sie bauen ihre Biomasse mit Hilfe von CO_2 auf. Bei der Photosynthese werden aus CO_2, Lichtenergie und Wasser Zucker und Stärke produziert. Bei Kohlendioxid handelt es sich um ein farb- und geruchloses, leicht im Wasser lösbares Gas. Nur ein sehr kleiner Teil reagiert chemisch mit dem Wasser und bildet bei folgender Reaktion $CO_2 + H_2O = $ den wichtigen Pflanzennährstoff H_2CO_3. Der Verbrauch der Wasserpflanzen ist abhängig von vorhandenen Nährstoffen, der Beleuchtung oder der

Temperatur. Kohlensäure zerstört vorhandene Karbonate im Aquarienwasser und kann den pH-Wert gefährlich tief absinken lassen. Die empfohlenen Wasserpflanzen benötigen in der Regel nur geringe Mengen gelöster Kohlensäure max. 15 mg/l zum Wachstum bei Tage, also bei eingeschalteter Beleuchtung, nachts können Sie die CO_2-Zufuhr abschalten. Eine unkontrollierte Zugabe von CO_2 im Aquarienwasser kann bei den Diskusfischen zu erheblichen Problemen führen. Den pH-Wert von hartem Leitungswasser mit Zugabe von CO_2 abzusenken, kann sehr gefährlich werden, da der

Ein optimaler Pflanzenwuchs ist nur mit Zugabe von CO_2 möglich. Versuchen Sie aber nicht, den pH-Wert des Leitungswassers mit hoher KH ausschließlich dadurch zu senken. Dies kann zu erheblichen Problemen bei den Diskus führen.

Beispiel zur Anwendung der Tabelle: bei einer KH von 12°dH und einem pH-Wert von 6,5 würde der im Wasser gelöste CO_2-Gehalt ca. 121mg/l betragen. Zur Pflege von Diskusfischen im Pflanzenaquarium sind max. 20 bis 25mg/l ausreichend. Der im Aquarienwasser gelöste CO-Gehalt kann mit Testreagenzien aus dem Fachhandel geprüft werden.

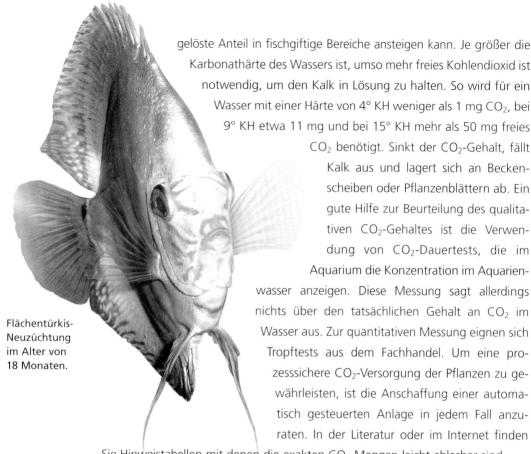

Flächentürkis-Neuzüchtung im Alter von 18 Monaten.

gelöste Anteil in fischgiftige Bereiche ansteigen kann. Je größer die Karbonathärte des Wassers ist, umso mehr freies Kohlendioxid ist notwendig, um den Kalk in Lösung zu halten. So wird für ein Wasser mit einer Härte von 4° KH weniger als 1 mg CO_2, bei 9° KH etwa 11 mg und bei 15° KH mehr als 50 mg freies CO_2 benötigt. Sinkt der CO_2-Gehalt, fällt Kalk aus und lagert sich an Beckenscheiben oder Pflanzenblättern ab. Ein gute Hilfe zur Beurteilung des qualitativen CO_2-Gehaltes ist die Verwendung von CO_2-Dauertests, die im Aquarium die Konzentration im Aquarienwasser anzeigen. Diese Messung sagt allerdings nichts über den tatsächlichen Gehalt an CO_2 im Wasser aus. Zur quantitativen Messung eignen sich Tropftests aus dem Fachhandel. Um eine prozesssichere CO_2-Versorgung der Pflanzen zu gewährleisten, ist die Anschaffung einer automatisch gesteuerten Anlage in jedem Fall anzuraten. In der Literatur oder im Internet finden Sie Hinweistabellen mit denen die exakten CO_2-Mengen leicht ablesbar sind.

Auf CO_2-Zugaben habe ich bis heute immer verzichtet. Pflanzen können trotzdem gut gedeihen, da in jedem Aquarium eine eigene Kohlendioxidproduktion stattfindet. Diese Vorgänge sind aber nicht generell von einem Aquarium auf ein anderes Aquarium übertragbar. So handelt es sich um oxydative Prozesse, die konzentriert im Filter stattfinden. Bei der Aufbereitung von 0,25 g Trockenfutter werden etwa 700 mg CO_2 produziert. Weiterhin durch die Bakterientätigkeit im Bodengrund des Aquariums kommt es zur CO_2-Produktion von einigen 100 mg/l. Für eine optimale Entwicklung anspruchsvoller im Aquarium gepflegter Wasserpflanzen kann dies aber trotzdem zu wenig sein.

Die Pflanzendüngung mit Düngezusätzen

Zur Düngung meiner Pflanzen verwende ich Düngekuglen aus Ton, die unregelmäßig im Wurzelbereich der Pflanzen eingesetzt werden sowie die Zugabe von Flüssigdünger. Aufgrund der Oxidationsvorgänge im Aquarienwasser, die Pflanzennährstoffe teilweise für die Pflanzen schnell unverwertbar machen, ist es ratsam, entstehende Nährstofflücken auszugleichen. Am deutlichsten zu sehen beim Eisen (Fe). Durch den gelösten Sauerstoff im Aquarienwasser werden die in zweiwertiger Form vorliegenden Eisenionen sehr schnell in unverwertbare dreiwertige Form oxydiert. Ein Eisenmangel ist sehr leicht an der einsetzenden Bleichsucht bei den Pflanzenblättern (einer gelben Verfärbung ausgehend von den Blattnerven) zu erkennen. Solche Blätter sind nicht mehr in der Lage zu assimilieren und sterben ab. Mit Dosierpumpen lassen sich Flüssigdünger genauestens täglich zugeben und dosieren. Somit kann Mangelerscheinungen vorgebeugt werden und der zum Wachstum günstige Fe-Wert von 0,03 bis 0,1mg/l garantiert werden. Die Zugabe ist zu kontrollieren, damit Algenwachstum vermieden wird.

Wurzeln

Moorkienholzwurzeln findet man häufig in Diskusaquarien, da diese den unterspülten Baumwurzeln im Uferbereich sehr nahe kommen und den Fischen natürliche Deckung und Unterstände bieten. Optimal geeignet sind wie auf Stelzen stehende Wurzelstücke, zwischen denen sich die Tiere zurückziehen können. Moorkienholz ist mit seinen vielen Verästelungen zwar gut geeignet, aber trotzdem ist Vorsicht geboten. Da die Herkunft der Hölzer sowie deren mögliche Vorbehandlungen meist unbekannt sind, können später unvorhergesehene Schwierigkeiten auftreten. Schwimmendes Moorkienholz ist ausgetrocknet, teilweise mit Salz behandelt und kann oft niedere Pilze beherbergen, die später un-

links:
Ideale Unterstände für Diskusbuntbarsche bieten solche auf Stelzen stehenden Wurzelstöcke. Dazu eignet sich Moorkienholz.

rechts:
Moorkienholz muss lange gewässert werden. Beobachten Sie danach Ihre Tiere, reagieren sie anders als zuvor, sind die Wurzeln aus dem Becken zu entfernen.

Diskusfische können durchaus in eingerichteten Aquarien gepflegt werden. Anzuraten aber erst ab einer Größe von acht Zentimetern und in kleinen Trupps von mindestens fünf bis sechs Tieren. Als Bodengrund ist Quarzsand zu bevorzugen.

ter Wasser im Aquarium dauerhaft faulen, übel riechen und das Aquarienwasser stark belasten. Anhängende Torfrückstände sind problemlos und können abgespült werden. Für die Gelbfärbung des Wassers sind die Wurzeln verantwortlich. Huminstoffe und Gerbsäuren werden herausgelöst, aber längst nicht in der Konzentration, wie dies bei einer Torffilterung geschieht. Das oft zitierte Auskochen lässt dass Holz nicht schneller sinken, sondern zerstört wichtige Inhaltsstoffe. Stellt man an den Wurzeln bereits weißliche Stellen fest, ist höchste Vorsicht geboten. Mit einer Drahtbürste und einem Hochdruckreiniger kann man dem Schimmel zwar zu Leibe rücken, aber möglicherweise bildet sich dieser wieder neu. Dieses Holz ist für den Einsatz im Diskusaquarium nicht geeignet, da Fäulnisbakterien große Schäden bei den Diskusfischen verursachen können. Es ist durchaus möglich, dass uns unbekannte und nicht messbare Stoffe (auch nach dem Wässern der Wurzeln) später heraus diffundieren, das Wasser belasten und den Tieren schaden. So geschehen bei einem bekannten Diskuspfleger. Bei ihm fiel dies erst im Urlaub auf, als die regelmäßigen Wasserwechsel ausblieben. Was war passiert? Seine parasitenfreien Diskus färbten sich dunkel, standen teilnahmslos in einer Ecke seines Aquariums und verweigerten das Futter. Ein Verhalten, das er in seiner langjährigen Pflege von parasitenfreien Diskus nie kannte und erlebt hatte. Die Konzentration der „Ausdünstungen" aus dem Wurzelmaterial wurde durch seine permanenten großzügigen Wasserwechsel ständig in einer niedrigen Konzentration gehalten, ohne das Aquarienwasser zu belasten. In seiner Abwesenheit fehlten die regelmäßigen Wasserwechsel und es kam zu

Auch über dem Becken kann die Dekoration mit Wurzelholz und Philodendron-pflanzen ge-staltet werden. Die Luftwurzeln des Fenster-blattes (*Monstera gigantaea*) können dabei in das Wasser hineinragen und helfen mit, Schadstoffe ab-zubauen.

einer Anhäufung von Fäulnisbakterien. Um der Ursache auf den Grund zu gehen, wurde eines seiner Tiere in einer veterinärmedizinischen Untersuchungsanstalt untersucht. Im Verdauungstrakt der Tiere konnten bei der Untersuchung Fäulnis-bakterien nachgewiesen werden, die das Unwohlsein ausgelöst hatten. Sollten Sie sich dennoch zur Dekoration mit Moorkienholz entscheiden, ist es wichtig, das Ein-schleppen möglicher Krankheitserreger zu unterbinden. Erwerben Sie ausschließ-lich getrocknetes Holz. Die Wurzeln sollten vor dem Einbringen ins Aquarium eine Hitzebehandlung erfahren. Zur Abtötung von Erregern erhitzen Sie die Wurzeln im Backofen bei 150 °C für 45 Minuten. Die Befestigung der Wurzeln kann auch außerhalb des Beckens mit Schrauben und Dübeln in der Wand erfolgen. So reichen die Wurzelarme ins Becken und imitieren eine unterspülte Baumwurzel. Über Wasser lassen sich zwischen den Wurzeln Ableger von Landpflanzen be-festigen, deren untergetauchte Wurzelwerke sich dann als wahre Nitratverzehrer erweisen. Je länger diese unter Wasser sind, desto dichter ent-wickeln sich kräftige Wurzelpolster. Hierzu erfahren Sie mehr im Kapitel Filterung.

Im Fachhandel sind täuschend echte Dekora-tionsmaterialien zu erhalten, hier ein abgesägter Baumstumpf aus einem Glas-fasermaterial.

Wurzelimitate

Alternativ, vor allem immer mit dem Hintergedanken das Ein-schleppen möglicher Parasiten zu verhindern, ist der Einsatz von Tonwurzeln möglich. Diese sind entweder im Fachhandel er-

Stimmen die
Wasserwerte,
kann die Ver-
mehrung der
Diskus auch im
Pflanzenaqua-
rium gelingen.
Foto: A. Spreinat

hältlich oder bei eigener Kreativität aus Ton selbst zu töpfern. Aus braunem Ton nach einer Vorlage modelliert, entstehen tolle Gebilde. Beim Modellieren muss man sich jedoch nach der Größe der Brennöfen richten. Einzelne Tonarme oder -stücke lassen sich aber problemlos mit Aquariensilikon zusammenfügen. Werden diese von Pflanzen und Algen bewachsen, wirken sie täuschend echt. Die Arbeit mit Ton erfordert jedoch viel Zeit und bedeutet einen gewissen Aufwand. Zunächst müssen die Wurzelstücke modelliert und später ausreichend an der Luft getrocknet werden, um ein Reißen der Tonstücke beim Brennen zu vermeiden. Vielleicht haben Sie einen Bekannten, der töpfert und Ihnen dabei behilflich ist. Sicher ist jedenfalls, Sie haben Unikate im Aquarium und wichtiger noch, der Ton verhält sich unter Wasser neutral und gibt später keine Giftstoffe ab. Optimal sind längliche wie auf Stelzen stehende an die Rückwand angelehnte bzw. angeklebte Gebilde. Die fertigen Tonstücke lassen sich mit Dispersionsfarbe natürlich weiter gestalten. Dispersionsfarbe ist im Baumarkt erhältlich. Die Farbe ist unter Wasser für die Fische ungiftig. Hier lassen sich verschiedene Farbkreationen mischen, um die Wurzelstücke nach eigenen Vorstellungen zu bemalen. Hier können Eindrücke, Farbgestaltung und Beobachtungen vom Waldspaziergang mit einfließen. Nachdem alles gründlich getrocknet ist, dies kann unter Umständen einige Tage dauern, und alles Ihren Vorstellungen entspricht, müssen die gestalteten Tonstücke mit Epoxidharz versiegelt werden, damit die aufgebrachte Farbe später nicht von Welsen abgeraspelt werden kann. Gute Erfahrungen habe ich mit Laminierharz gemacht. Es besteht aus zwei Teilen Harz und einem Teil Härter, die beide miteinander vermischt werden. Nach guter Durchmischung wird das fertige Harzgemisch mit einem Pinsel aufgetragen. Die Topfzeit, das heißt die zur Verfügung stehende Zeit zum Verarbeiten bis zum Abbinden des Harzes, muss beachtet werden. Während dieser Zeit trägt man das Laminierharz mit einem Pinsel auf die Tonwurzelstücke auf. Beim Verarbeiten ist es wichtig, nicht zu viel Harz aufzutragen, da sonst Läufer entstehen, die getrocknet als weißlich laufende

Streifen unschön aussehen. Ebenfalls sollte man einen qualitativ guten Pinsel verwenden, damit die Pinselborsten später nicht im Harz hängen. Nach ca. 24 Stunden ist das Aushärten des Laminierharzes bei Raumtemperatur abgeschlossen. Die Tonwurzeln haben jetzt ein glänzendes Aussehen, als seien sie mit Klarlack überzogen worden. Aber keine Sorge, dieser Glanz verschwindet später unter Wasser völlig. Bevor die Tonimitate ins Becken eingebaut werden, sollten Sie wenigstens 14 Tage auslüften. Ein anschließendes Wässern kann ebenfalls vorteilhaft sein, damit mögliche enthaltene Lösungsmittel verflüchtigen können. Nach eigenen Vorstellungen lassen die Stücke sich mit Aquariensilikon verkleben. In Kombination mit Aufsitzpflanzen wird dem Betrachter später das Wurzelimitat nicht auffallen. Der wichtige Aspekt hierbei bleibt aber das spätere neutrale Verhalten des Tonmaterials unter Wasser im Aquarium. Die Verwendung von Kunststoff-Wurzelimitaten halte ich aufgrund der Bestandteile und dem sauren Milieu für bedenklich. Möglicherweise führen nicht messbare oder unbekannte Inhaltsstoffe, die sich aus diesen Wurzelnachbildungen herauslösen, zu Problemen.

WF-Nachzuchten überraschen immer wieder durch ihre Farben. Diese Tiere färben jedoch meist sehr spät aus.

Javafarn (*Microsorium pterptus*) gehört zu den anspruchsloseren und langsamer wachsenden Pflanzen im Diskusaquarium. Der Farn wird auf Steinen oder Wurzeln zum Beispiel mit Zwirnsfaden befestigt und wächst dort an.

Tigerlotus (*Nymphae lotus*) ist für das Diskusaquarium geeignet. Entfernt man regelmäßig die hochtreibenden Triebe bleibt die Pflanze schön buschig.

Cryptocorynen-Arten benötigen eine absolute Kontinuität in Bezug auf die Wasserparameter.

Eine gut geeignete Schwimmpflanze für das offene Diskusaquarium ist *Ceratopteris cornuta*, der Hornfarn. Er muss regelmäßig ausgedünnt werden.

Die Bepflanzung

Da sich die Diskus in der Regel nicht an Wasserpflanzen vergreifen oder diese, wie während der Laichzeit von anderen südamerikanischen Cichliden bekannt, gelegentlich ausgraben, braucht man auf eine Bepflanzung nicht zu verzichten und kann sein Diskusaquarium nach eigenen Vorstellungen gestalten. Bei der Neueinrichtung ist es sinnvoll, auf Pflanzen aus Meristenkulturen zurückzugreifen, da diese frei von Parasiten sind und damit die Übertragung oder das Einschleppen von Krankheitserregern ausgeschlossen ist. Die Vermehrung von Pflanzen in Meristenkulturen ist keineswegs neu und wurde bereits vor mehr als 10 Jahren in verschiedenen Aquarienzeitschriften veröffentlicht. Die Pflanzen werden in Laboren zunächst sterilisiert, danach werden die Blätter und Wurzelwerk entfernt und der verbleibende Pflanzenkern in Gewebestücke zerteilt. Verschlossen, in lichtdurchlässigen Aufzuchtschalen wachsen sie in besonderen Nährlösungen bis zu einer pikierbaren Größe heran und werden dann in entsprechend größere Schalen umgepflanzt. Auf diese Weise ist im Labor eine parasitenfreie Aufzucht der Wasserpflanzen möglich. Sehr viele der bekannten Wasserpflanzen werden so vermehrt und gezüchtet, die Auswahl ist daher entsprechend groß.

Für die biotopnahe Bepflanzung eignen sich Aufsitzpflanzen wie Farne oder Speerblätter und Moose. Diese sind an den Wurzeln gut mit Angelschnur, Zwirnsfaden oder kleinen Kabelbindern zu befestigen und halten nach einigen Wochen am Untergrund fest. Die Seitenwände des Aquariums lassen sich ebenfalls mit größeren Pflanzen (Mutterpflanzen) dekorieren. Befestigen Sie dazu am Rhizom der Pflanzen mit dem genannten Befestigungsmaterial ein oder zwei Sauger und heften Sie diese an die Seitenscheibe. Oder Sie befestigen einen Sauger mit einer Holzschraube an einem Wurzelstück, binden darauf eine Aufsitzpflanze und heften es an die Seitenscheibe.

Für den Bodengrund eignen sich Tigerlotus oder kleinwüchsige *Cryptocorynen*-Arten. Als Schwimmpflanze eignet sich sehr gut der schnellwüchsige Hornfarn, der regelmäßig ausgedünnt werden sollte.

Die Beleuchtung

„Diskusfische mögen es nicht sehr hell" oder „Diskusfische bevorzugen schattige Plätze". Diese oft gehörten Aussagen sind sicherlich von den Beobachtungen in den natürlichen Biotopen abgeleitet, in denen oftmals starke Wassertrübungen durch Sedimente oder Schwarzwasser mit seiner bräunlichen Färbung und geringen Sichtweiten vorzufinden sind. Oder aber es handelt sich um Reaktionen, die mit dem Gesundheitszustand Ihrer Tiere zu tun haben. Hinterfragt man diese Umstände, wird die Ursache zum Verhalten schnell deutlich. Selbstverständlich können Sie Ihr Aquarium ausreichend beleuchten, um den Ansprüchen Ihrer Pflanzen

Zur Pflege von Diskusbuntbarschen sollten ausreichend große Becken gewählt werden. Die Beleuchtung dieses Beckens setzt eine fachgerechte Installation voraus.
Foto: G. Rahn

gerecht zu werden. Die Beleuchtungs-art richtet sich einmal nach dem Bedarf der zu pflegenden Wasserpflanzen, Ihrem Geschmack und dem Geldbeutel. So benötigen Pflanzen mit hellgrüner und rötlicher Blattfarbe meist eine stärkere Beleuchtung. Auch Rasen bildende Arten, die in der Natur oftmals Uferbereiche bewachsen, haben einen höheren Lichtbedarf. Trotzdem können Sie auf die bekannten Lichtkraftwerke (HQL, HQI) nach meiner Meinung verzichten. Mit zwei Leuchtstoffröhren von 58 W, jeweils Lichtfarbe 11 und 21 habe ich bei meinem Diskusbecken (180 x 50 x 70 cm) lange Jahre gute Erfahrungen gemacht.

Seit einiger Zeit beleuchte ich das Becken mit einer neuen, kostengünstigen Beleuchtungsart, nämlich Vollspektrum-Energiesparlampen. Diese verfügen über ein Lichtspektrum, das dem Sonnenlicht sehr nahe kommt und

Halbwüchsige Diskusfische *Symphysodon aequifasciatus.* Foto: B. Kahl

strahlen, im Vergleich zu herkömmlichen Energiesparlampen, kein gelbliches, sondern ein grell weißes Licht ab. Vollspektrumlampen sind als Leuchtstoffröhren in jeder Wattstärke oder als Energiesparlampen mit einem E27 Gewinde zu erhalten. Die Pflanzen in meinem Diskusbecken gedeihen unter diesem Licht gut. So konnte ich beobachten, dass sich die Blattgröße von Anubiasarten unter diesem Licht deutlich vergrößerte. Vom Hersteller werden folgende Angaben gemacht: eine Farbtemperatur von 6000 Kelvin, ein Verbrauch von 23 W bei einer Lichtintensität von 120 W. Weitere Werte, wie die Farbwiedergabe werden mit Ra = 1A, der Farbwiedergabeindex mit >90 und einer Lumenzahl von 1450 lm angegeben. Billigangebote haben meist eine kürzere Lebensdauer. So lassen sich beispielsweise HQL-Lampen von einem Fachmann so umschalten, dass Ihre HQL-Leuchten mit Vollspektrum-Energiesparlampen betrieben werden können. Zu beachten ist aber, dass die Vollspektrum-Energiesparlampen nicht aus der HQL-

Leuchte herausragen. Der Spiegel oder Reflektor der HQL-Leuchte sollte weiter genutzt werden. Die Lampen sind in unterschiedlichen Bauformen mit verschiedenen Leistungsstärken im Handel erhältlich. Mit handwerklichem Geschick und unter Beachtung der elektrischen Sicherheitsbestimmungen lassen sich aus Tonblumentöpfen dekorative Beleuchtungen herstellen.

Ihr Stromverbrauch reduziert sich dabei merklich. Das Rechenbeispiel zeigt sehr schnell die Einsparung: 2 HQL-Leuchten je 80 W ergeben bei täglich 10 Stunden Beleuchtungsdauer = 1600 W, im Jahr = 584 KW. Legt man einen Strompreis von 0,13 €/KW-Stunde zu Grunde sind dies 75,92 €. Werden die beiden HQL-Leuchten mit voll spektralen Energiesparlampen betrieben ergibt dies folgende Rechnung: 2 x 23 W ergeben bei täglich 10 Stunden Beleuchtungsdauer = 460 W. Dies sind im Jahr = 167,9 KW. Legt man wiederum einen Strompreis von 0,13 €/KW-Stunde zu Grunde sind dies 21,82 €, eine Ersparnis von 54,10 €.

Diskus NZ aus Asien. Von dort sind immer wieder überraschende Farbformen mit verwirrenden Handelsbezeichnungen anzutreffen.
Foto: A. Spreinat

Der Hintergrund

Die Hintergrundgestaltung eines Diskusaquariums unterliegt dem jeweiligen Geschmack des Aquarianers. Die Rückwandplanung sollte frühzeitig geschehen und mit dem Aquarienhersteller abgesprochen werden, da spätere Stege das Unterfangen erschweren können. Es gibt viele Möglichkeiten, um schöne und attraktive Hintergrundgestaltungen mit entsprechender Wirkung zu erzielen, auch ohne großes handwerkliches Geschick. Einige dieser Möglichkeiten, die ich alle selbst ausprobiert habe, möchte ich Ihnen hier vorstellen. Zunächst erfolgt der Anstrich der Rückwand von außen mit „königsblauer" Dispersionsfarbe. Blau deshalb, weil beim Blick unter Wasser gegen die Wasseroberfläche sich der Himmel im Wasser spiegelt. Der erste Auftrag der Farbe auf der glatten Glasoberfläche ist zugegeben etwas mühsam, zur besseren Farbhaftung kann die Oberfläche der hinteren Scheibe von außen mit feinem Sandpapier aufgeraut werden. Mit einer Heizkörperrolle wird die Dispersionsfarbe unverdünnt gleichmäßig aufgetragen, unter Umständen ist ein weiterer Farbauftrag erforderlich, um eine gleichmäßige Deckung zu erzielen. Der zweite Anstrich klappt dann schon besser. Der blaue Hintergrund erzeugt an den später durchscheinenden Stellen eine sehr gute Tiefenwirkung und vermittelt den Eindruck einer großen Beckentiefe. Spätere Lichtspiegelungen sind durch den direkten Farbauftrag auf das Glas ausgeschlossen.

Die Rückwand hinter dem Aquarium

Eine raffinierte Möglichkeit, die dem Becken zusätzlich eine größere Beckentiefe vermittelt, ist ein gesonderter Aufbau hinter dem Aquarium. Das Becken steht dabei ca. 60 cm von der Zimmerwand weg. Die Breite der Bodenplatte ist ca. 60 cm tiefer als das Becken selbst. Das Aquarium steht vorne bündig auf dieser Unterlage. Der Bodengrund wird hinter dem Aquarium in gleicher Höhe wie im Becken aufgefüllt. Als Hintergrund wird bedruckte Folie oder eine selbst gestaltete Tapetenrückseite im Halbbogen zu den Seitenkanten des Beckens gespannt und befestigt. Der entstandene äußere Zwischenraum kann mit Wurzelstücken, Pflanzenimitaten oder Flusssteinen dekoriert werden. Dieser Hintergrund vermittelt eine große räumliche Tiefe. Voraussetzung dafür ist allerdings, dass die Rückscheibe immer sauber, das heißt frei von Algen bleibt.

An der roten Markierung im Bild endet die hintere Scheibe des Beckens. Dahinter wurde im Halbkreis eine Platte montiert und der Bodengrund in gleicher Höhe wie im Becken selbst aufgefüllt.
Foto:
W. Kochsiek

Die Rückwand im Eigenbau

Der Eigenbau einer Rückwand aus Styrodur, auch Roofmateplatten genannt ist eine weitere Möglichkeit zur Dekoration. Es handelt sich um ein Material ähnlich wie Styropor aber dichter verpresst, das in verschiedenen Stärken im Baustoffhandel erhältlich ist. Das bekannte Abbröckeln wie bei herkömmlichem Styropor unterbleibt. Man bemerkt den Unterschied sofort beim Zuschneiden, es lässt sich problemlos mit einer Baumsäge oder einem Fuchsschwanz zerschneiden. Das Material gibt keinerlei giftige Substanzen an das Wasser ab. Die Feinbearbeitung lässt sich mit einer Heißluftpistole oder mit einem Cuttermesser in Schnitztechnik bewerkstelligen. Mit einer Heißluftpistole sollte jedoch aufgrund der Geruchsentwicklung beim Verschmelzen nur im Freien

Noch nicht ganz fertig gestellte Rückwand, die jedoch schon einiges vermuten lässt.

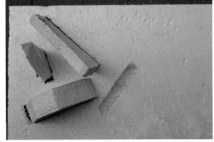

Mit viel Fantasie sind Aquarienrückwände selbst für wenig Geld herzustellen.

Eine selbst angefertigte mit Epoxidharz versiegelte Rückwand mit eingebauten Mattenfiltern rechts und links zu sehen.

gearbeitet werden. Auch Wurzelstöcke können mit ein wenig handwerklichem Geschick ähnlich den natürlichen Vorbilden geschnitzt werden (vorher an einem Abfallstück üben). Um ein plastische Wirkung zu erzielen, setzt man einige gesägte oder gebrochene Stücke aufeinander. Um einzelne Wurzelarme zu kreieren, zeichnen Sie diese auf eine Styrodurplatte auf und schneiden Sie sie dann entlang der vorgezeichneten Kontur aus. Bei einer Materialstärke von 10 cm ergeben sich so auch dickere Wurzelstücke bis zur Plattenlänge von 1 m. Die Ausarbeitung und Modellierung erfolgt am besten mit einem Cuttermesser. So lassen sich Vorsprünge, kleine Felsen oder Pflanzschalen sehr schön erstellen.

Das Aufkleben einzelner Wurzelarme auf die Rückwand ist jedoch nicht ratsam, da diese Stücke leicht abbrechen können. Dazu zeichnet man den Grundriss des aufzusetzenden Stückes auf die untere Platte und hebelt das Material mit einem Schraubendreher heraus. Das aufzusetzende Stück wird zur Probe eingepasst. Es sollte sich schwer mit etwas Kraft eindrücken lassen. Nach dieser Anpro-

Außerhalb des Aquariums ist eine Dekoration mit Landpflanzen möglich. Diese können dann im Hydrokulturfilter gepflegt werden.

be wird der Rand ringsherum mit Aquariensilikon ausgespritzt. Beim Eindrücken der modellierten Styrodurarme und -blöcke drückt sich das Silikon mit hinein und sorgt nach der Aushärtung für einen festen Halt. Die fertige Rückwand lässt sich mit Dispersionsfarben aus dem Baumarkt nach eigenem Geschmack gestalten. Das Mischen verschiedener Farbtöne gibt der Rückwand ein natürliches Aussehen. Damit die Farbe später nicht von Welsen abgeraspelt werden kann, wird die Rückwand im letzten Arbeitsschritt anschließend mit Epoxidharz (siehe Tonwurzeln) versiegelt. Auf das noch nicht vollständig abgebundene Harz lässt sich beispielsweise auch feiner Quarzsand aufstreuen. Hervorragend lassen sich große Brettwurzeln der Urwaldriesen nachbilden und somit wichtige Verstecke und Sichtbarrieren schaffen. Da Styrodur ähnlich wie Styropor unter Wasser einen starken Auftrieb hat, sollte diese Rückwand mit Aquariensilikon eingeklebt werden. Wird die Rückwand im Becken verklebt, muss sorgfältig gearbeitet werden, damit kein Wasser in die Zwischenräume eindringt und Gammelzonen entstehen.

Die fertige Rückwand

Im Handel sind bekanntlich auch fertige Rückwände unterschiedlicher Preislagen zu erwerben. Oftmals sind diese aber, gerade bei größeren Aquarien, sehr teuer in der Anschaffung. Auch mit handelsüblichen Rückwänden lassen sich durchaus brauchbare Ideen umsetzen. Bedenken muss man aber, dass eine solche Rückwand im Becken Platz wegnimmt. Je nach Typ sind schnell 15 cm der Beckentiefe verschwunden Dies sollte man unbedingt vorher einkalkulieren und das Aquarium zum Ausgleich mit einer größeren Tiefe anfertigen lassen. Dabei ist es zu überlegen, um keine gammelnden Zonen zu erhalten und den Platz sinnvoll zu nutzen, die Filterung des Aquariums dahinter zu integrieren (mehr dazu im Kapitel „Filterung").

Die Rück- und Seitenwände des Beckens lassen sich auch mit blauen Filterschaumplatten verkleiden. Der blaue oder grüne Filterschaum lässt sich problemlos mit Aquariensilikon an den Scheiben des Beckens ankleben, 30 mm starke Platten reichen dazu aus. Bedingt durch die Durchlässigkeit des Filterschaums bilden sich keine toten Zonen. Der Schaumstoff wird nach einiger Zeit unter Wasser von Mikroorganismen besiedelt und nimmt eine braun-schwarze Färbung an. An diesem Schaum lassen sich dann mit Kunststoffnadeln (Dekorationsgeschäft) Aufsitzpflanzen oder Moose gut befestigen. Nach mehreren Wochen, richtige Pflege vorausgesetzt, haben sich die Pflanzen (nach meinen Beobachtungen am schnellsten das Javamoos), ausgebreitet, so dass vom Schaumstoff kaum noch etwas zu sehen ist. Die Rückwand gestaltet sich also durch die Pflanzen quasi von selbst. Javamoos wirkt durch das Überwachsen Ihrer Dekorationsgegenstände sehr natürlich und dekorativ. Es gibt der Beckeneinrichtung das Aussehen einer bewachsenen Uferböschung. Angelehnte Wurzeln werden dabei ebenso mit überwuchert und der Bewuchs muss von Zeit zu Zeit ausgedünnt werden.

Paare sollten sich in einer Gruppe am besten selbst finden können.
Foto: F. Bitter

Halbwüchsige, parasitenfreie türkisfarbene NZ. In der Gruppe entwickeln sich die Fische prächtig.
Foto:
H. G. Petersmann

Das Wasser

Das Wasser im Heimatbiotop

Diskusbuntbarsche leben in der Natur in mineralarmem und sehr weichem Wasser. Die Gewässer Amazoniens sind sehr sauber und Nitrat ist nur in Spuren nachweisbar. Damit unmittelbar einher geht eine sehr geringe Keimzahlbelastung dieses Wassers. Bereiche von bis zu 10^2KBE/ml werden als keimarm (Rio Negro-Wasser) bezeichnet. In Aquarien wurden zum Vergleich Keimzahlen von 10^5KBE/ml gemessen. Die Wassertemperatur unterliegt ebenfalls jahreszeitlich bedingten Schwankungen zwischen 25 °C und 35 °C. Über Jahrhunderte hat sich in den Flussläufen und Gewässern Amazoniens eine entsprechende spezielle Bodensubstanz von zellulosehaltigem Material gebildet. In den tropischen Regenwäldern findet ein hoher Stoffwechsel statt und sämtliche Nährstoffe werden sehr schnell verbraucht. So werden kaum Salze in die Gewässer eingewaschen und es kommt zur bekannten Salzarmut des Wassers. Je nach Untergrund und Bewuchs findet man sehr viele oder extrem wenige Huminsäuren im Waldboden. So ist es unter anderem zu erklären, dass im Amazonasgebiet verschiedene Wassertypen

„Cuipera"-Diskusfang durch die Dorfbewohner für den Exporteur. Eine sehr beschwerliche Arbeit.
Foto: „discusman" J. Schütz

(Schwarz-, Klar- und Weißwasser) zu finden sind. Die Anhäufungen von organischem Material, Humin- und Kohlensäure halten den pH-Wert stets im sauren Bereich. Je nach Wasserart schwankt dieser zwischen pH 3,2 und pH 7,5. Nur das Schwarzwasser besitzt einen sehr niedrigen pH-Wert, der auf den sehr hohen Gehalt an Humnisäuren zurückzuführen ist. Der Gehalt an Karbonaten im Wasser ist nahe Null. So wird unter diesen Bedingungen der pH-Wert also tatsächlich durch die Säuren gesenkt und nicht durch den Kohlensäuregehalt.

Von großer Bedeutung für das Wohlbefinden der Diskus sind weiterhin die organisch gelösten Bestandteile des Wassers. Hierbei handelt es sich beispielsweise um Aminosäuren, Kohlenhydrate, Huminstoffe, Fulvosäuren, Ligine, Pektine, Enzyme und auch Vitamine. Diese entstehen unter anderem aus Zersetzungsprozessen pflanzlichen Materials sowie aus Bakterien und sind an der teilweisen starken Wasserverfärbung zu erkennen. Eine erfolgreiche Diskuspflege hängt nicht zuletzt von den pflegerischen Maßnahmen des Diskusaquarianers ab, deren Sinn sich mit Hilfe von biologischem und biochemischem Grundwissen erschließen lässt.

Cuipera-Wildfänge, gut eingewöhnte Zuchttiere. Foto: „discusman" J. Schütz

Das Wasser im Aquarium

Im Diskusaquarium bleibt die Zusammensetzung des Wassers nicht konstant, sondern unterliegt ständigen Schwankungen. Die notwendige Fütterung der Fische ist als Hauptursache der stetig wachsenden Wasserbelastung durch Um-

links:
Adultes türkis-
farbenes Zucht-
paar im Aquari-
um.
Foto:
N. Menauer

rechts:
Ein prächtiger
WF-Diskus
(*Symphysodon
aequifasciatus
aequifasciatus*).
Foto:
W. Kochsiek

wandlung gelöster organischer Stoffe zu nennen. Für jedes Aquarium werden sich aufgrund unterschiedlicher Einflüsse bestimmte Werte einstellen und auch stabilisieren. Damit diese Werte nicht in ein fischfeindliches Milieu abwandern, sind Beobachtungen, Kontrollen und eventuell die entsprechende Regulierung der Wasserparameter im Kleinbiotop Aquarium dringend notwendig. Die erforderlichen Testreagenzien sind im Fachhandel erhältlich. Bereits mit Schnelltests (Teststreifen) sind Tendenzen der Veränderung zu ermitteln. Innerhalb weniger Tage sind unterschiedliche, messbare Veränderungen vorhanden. So kann der Leitwert des Wassers z.B. um 50 µS/cm ansteigen, der pH-Wert steigt von pH 7,5 nach pH 8,5 bzw. sinkt bis pH 4 ab. Oder der Nitratgehalt steigt um 50 mg NO_3/l an. Nitrat, als Endprodukt in der Abbaukette des Stickstoffkreislaufes ist ein Indikator dafür, dass ein stattgefundener Reinigungsprozess im

Mit Teststreifen ist eine schnelle Bestimmung der Wasserqualität möglich.

Aquarium erfolgreich abgelaufen ist. Dennoch können Nitratwerte >50 mg/l zu Problemen führen. So sind 69 mg NO_3/l in der Lage, die Karbonathärte des Wassers um 2,4° zu senken. Fälschlicherweise nimmt man oft an, dass Nitrat im Verhältnis der anfallenden Menge von den Pflanzen abgebaut wird. Dies ist nicht der Fall, da Nitrat von Wasserpflanzen nicht direkt zum Wachstum verwendet werden kann. Mit steigenden Nitratwerten des Aquarienwassers steigt auch die Keimbelastung des Wassers. Ein stark belastetes Wasser ist eine ideale Brutstelle für vielerlei Ektoparasiten. Dies bedeutet für die Diskusbuntbar-

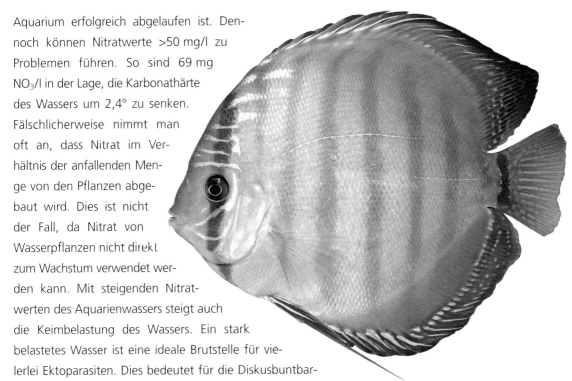

Brauner NZ-Diskus im Alter von 16 Monaten.
Foto: F. Bitter

sche einen nicht unerheblichen Stressfaktor. Warnzeichen einer starken organischen Belastung des Aquarienwassers sind beispielsweise die Gelbfärbung des Wassers (ohne Torffilterung), eine Schaumbildung an der Oberfläche oder bei schwach bewegter Wasseroberfläche entstehende Kahmhäute. Diese Prozesse stehen im Zusammenhang mit der Mineralisation wasserlöslicher Stoffe. Diesen Ursachen sollte man vorbeugend entgegen wirken. Unter Beachtung der folgenden Punkte lässt sich eine Wasserbelastung deutlich reduzieren: richtiger Beckenbesatz (weniger ist mehr), sparsame Fütterung mit qualitativ hochwertigem Futter, dem Einlegen von Fastentagen und häufige großzügige Teilwasserwechsel mit entsprechend aufbereitetem Wasser.

Die Bakterien- und Keimbelastung des Aquarienwassers

Diskusfische haben sich im Laufe der Evolution an ein keimarmes Wasser angepasst. Eine Herausbildung zur Abwehr gegen Bakterien haben die Tiere nur schwach entwickelt, da die Keimzahl in ihren Heimatgewässern sehr gering ist. Eine geringe Wasserbelastung bietet kaum Nahrung für Bakterien. Niedrige Mineralstoffgehalte, oftmals niedrige pH-Werte und hoher Huminstoffgehalt in den

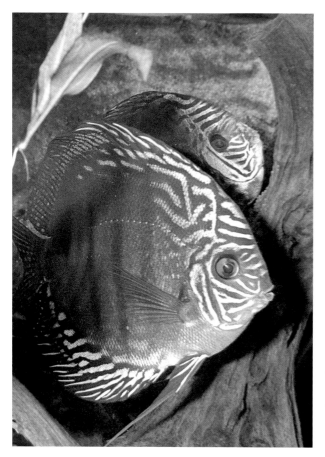

natürlichen Diskusgewässern hemmen das Bakterienwachstum. Diese Umstände stellen für Bakterien ein nahezu lebensfeindliches Milieu dar. Im Diskusaquarium verhält sich dies ganz anders als in der Natur. Durch Überbesatz, falsche bzw. zu starke Fütterung werden manche Aquarien schlichtweg zu Abwasserbehältern und es scheint beinahe unmöglich durch die Filterbakterien einen dauerhaften Abbau zu leisten. Die stoffliche Umsetzung der nützlichen Bakterien wird oftmals durch deren eigene Stoffwechselprodukte beeinträchtigt. So sind dies bei der Eiweißzersetzung beispielsweise Oxidationsprodukte aromatischer Aminosäuren oder eine Unzahl auftretender Säuren, die während der Nitrifikation anfallen, welche die Wasserchemie beeinträchtigen und mit keinem Filter zu entfernen sind. Diese Säuren sind weit stärker als z.B. Koh-

Stimmen alle Wasserparameter, sind die Tiere in optimaler Kondition und stimmt die Harmonie, wird auch im Pflanzenbecken Nachwuchs zu erwarten sein.
Foto:
W. Kochsiek

lensäure, so dass Kalziumcarbonate verloren gehen und die Pufferwirkung des Wassers abnimmt. Nach Dr. Kassebeer erfolgt unter guten Bedingungen eine Zellteilung in ungefähr 20 Minuten. Dies bedeutet, dass in sieben Stunden aus einem Bakterium mehr als zwei Millionen wurden. Bakterien kennen Aquarianer meist nur unmittelbar im Zusammenhang mit den Nitri-, oder Denitrifikationsabläufen als nützliche Helfer in der Filterung. Sie treten in hohen Konzentrationen auf, haben unterschiedliche Daseinsformen und sind in verschiedenen Formen bekannt. So kann 1 g Aquarienmulm Milliarden von Bakterien enthalten. Es handelt sich um einzellige Mikroorganismen, wie zum Beispiel fädige Algen, Pilze, Hefen, Protozoen, die nur einige tausendstel Millimeter groß sind und sich durch Teilung vermehren. Sie haben die Fähigkeit, Biomasse stofflich umzusetzen, zu mineralisieren und tragen somit einen hohen Stellenwert zur Aufrechterhaltung des Stoffgleichgewichtes bei. Sie nutzen dazu sowohl große kompliziert gebaute organische Moleküle, als auch kleine anorganische Moleküle als Nährstoffquellen.

Somit haben die Bakterien einen wesentlichen Einfluss auf unterschiedliche Wasserparameter, dienen Fischen als Nahrungsergänzung und unterstützen beispielsweise die Verdauung im Darm. Niedrige pH-Werte sind wegen des geringen Wasservolumens sehr schwer stabil zu halten. Zu geringe Wasserwechsel erreichen lediglich einen Verdünnungseffekt und verschaffen den Diskusfischen nur eine kurze Erholungspause. Sehr schnell stellt sich für den Aquarianer unbemerkt wieder ein ideales Milieu zur Bakterienentwicklung ein.

Aber sie sind nicht nur nützliche Helfer, sondern können auch das Gegenteil bewirken, indem sie sich aufgrund hoher organischer Wasserbelastung stark vermehren, das Wasser trüben, die Leistungsfähigkeit der Technik behindern, den Pflanzenwuchs beeinflussen, Krankheitsausbrüche hervorrufen, Laich in seiner Entwicklung hemmen oder abtöten, Fische stark schwächen und sogar töten. Es

Interessant gefärbte Diskus-NZ-Farbform. Auffällig die rote Punktierung auf dem Körper, die durch selektierte Zucht über Jahre zu erreichen ist. Foto: A. Spreinat

51

muss aber erwähnt werden, dass die im Aquarium vorkommenden Bakterien nicht zu den Arten gehören, die darauf spezialisiert sind Fische zu befallen und zu töten. Es handelt sich nicht um Krankheitserreger, sondern Bakterien, deren Hauptaktivitäten darin bestehen, im Wasser gelöste organische Stoffe ab- und umzubauen. Man kann dennoch deren Konzentration für den Erfolg oder Misserfolg in der Aquaristik verantwortlich machen. Wenn die organische Wasserbelastung (gemessen am Nitratwert) ständig ansteigt, steigt auch die Keimzahl und damit auch der Infektionsdruck. Die Keimzahl wird in KBE/ml angegeben und man bezeichnet die messbaren koloniebildenden Einheiten, die beim Test gezählt werden. Bereiche von bis zu 10^2 KBE/ml werden als keimarm (Rio Negro Wasser) bezeichnet. In Aquarien wurden bereits Keimbelastungen von 10^5 KBE/ml nachgewiesen. Schwimmbäder würden bei einer solchen Belastung längst geschlossen. 10^2 KBE/ml (100 Keime/ ml) sind nach der Trinkwasserverordnung in Deutschland erlaubt. Erreicht das Pflegewasser, oder treffender die Pflegebrühe, derart hohe Werte sind die Diskusfische einer extremen Stresssituation ausgesetzt. Dem Aquarienwasser sieht man eine hohe Keimbelastung zunächst nicht an. Äußere Verhaltensweisen der Fische, die zunächst nicht direkt mit Krankheitsausbrüchen in Verbindung gebracht werden sind jedoch zu beobachten. Dazu gehören ständiges Scheuern an Einrichtungsgegenständen, Atemnot, Dunkelfärbung oder Flossenklemmen. Untersuchungen haben gezeigt, dass die Bauchwassersucht besonders häufig bei Fischen aus stark belastetem Wasser entsteht. Auf Dauer führt ein stark mit Keimen belastetes Wasser zu einer erheblichen Stresssituation bei Diskusfischen. Das Immunsystem der Tiere wird geschwächt. Die Vermehrung von Schwächeparasiten (Costia, Chilondonella ...) ist die Folge. Das Risiko, die Auswirkungen sowie die Schädigungen bakterieller Infektionen geraten durch leidige und überflüssige Diskussionen über Darmparasiten und Kiemenwürmer meines Er-

Diskusfarbform herausgezüchtet aus "Snake Skin" Tieren (an der feinen Linierung zu erkennen), vermutlich eingekreutzt mit einem Flächentürkis-Diskus.
Foto: F. Bitter

achtens völlig ins Hintertreffen. Hohe Keimzahlen des Wassers tragen auch zu Misserfolgen in der Nachzucht bei. Es handelt sich dabei nicht nur um freilebende Arten, sondern um sesshafte Bakterien. Diese sind beispielsweise als schleimige Ablagerungen an Scheiben oder Einrichtungsgegenständen zu erkennen. Sie besiedeln die Laichsubstrate und überziehen auch das Diskusgelege. Mit ihren Ausscheidungsprodukten verstopfen sie die Versorgungskanäle der Eihüllen, sodass eine gesunde Entwicklung der Eizellen nicht mehr erfolgen kann. Das Eiweiß koaguliert, Embryonen sterben ab, das Gelege wird weiß und verpilzt. Untersuchungen haben gezeigt, dass unter diesen Umständen ganze Gelege verloren sind oder nur ein geringer Teil der entwickelten Embryonen zum Schlupf kommen. Werden dann Missbildungen wie Kiemendeckel-, Körperdeformationen festgestellt, ist dies nicht unbedingt auf einen Mineralstoffmangel oder Erbgutschäden zurückzuführen, sondern auch das Werk der Bakterien. Einen kleinen Überblick, welche Faktoren die Vermehrung häufiger Bakterien positiv beeinflussen und welche hemmend wirken, soll die folgende Tabelle darstellen.

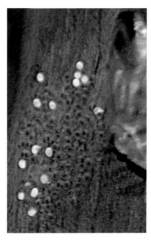

Die Entwicklung des Laiches ist voran geschritten. Deutlich an der dunklen Verfärbung zu erkennen. Bei den weiß verfärbten Eiern ist das Eiweiß koaguliert. Foto: M. Borowski

Bedingungen	förderlich	hemmend
mineralreiches hartes Wasser	x	
mineralarmes weiches Wasser		x
pH-Werte > 6,5	x	
pH-Werte < 6		x
Huminstoffe (Fulvo-Huminsäuren)		x
Gerbstoffe		x
hohe Anteile wasserlöslicher Verbindungen	x	
niedriges Redoxpotential < +200 mV	x	
hohes Redoxpotential > +250-300 mV		x
Wassertemperaturen 25-30 °C	x	
hohe Sauerstoffsättigung		x
Wasseraufbereitung mit UV/Ozon		x
Wasserbewegung		x

Tabelle aus Diskusjahrbuch 2001, BREMER

Der Wasserwechsel

Ein schwerwiegender aquaristischer Pflegefehler wäre es, den Wasserwechsel zu vernachlässigen. In einem stark organisch belasteten Wasser ist eine erfolgreiche Diskuspflege unmöglich. Wasserwechsel sind unumgänglich, denn jeder Stoffaustrag ist einer Stoffumwandlung vorzuziehen. Fäulnisprozesse könnten schnell Giftstoffe freisetzen, der Infektionsdruck durch Fäulnisbakterien nimmt ständig zu. Die Gefahr durch krankheitserregende Bakterien stellt für die Fische eine extreme Belastung und Schwächung dar. Kein Filter, ob biologisch oder mechanisch ist in der Lage das Aquarienwasser zu 100 % zu regenerieren. Ebenso ist kein chemisches Produkt in der Lage, trotz Herstellerversprechen diesen Reinigungsprozess durchzuführen. Aber wieviel Wasser und wie oft soll gewechselt

Großwüchsiges Rottürkis-Zuchtpaar im Zuchtaquarium.
Foto: A. Spreinat

werden. Die Effektivität eines Wasserwechsels lässt sich mit NO_3-Tests schnell nachvollziehen. Wenn Sie vor und nach dem Wasserwechsel den NO_3-Wert messen, werden Sie bei den empfohlenen und häufig nachzulesenden zu wechselnden Wasserwechselmengen von 25 % des Beckeninhaltes eine Enttäuschung erleben. Warum dies so ist und warum 25 % Wasserwechsel wöchentlich zu wenig sind, zeigt das nachfolgende einfache Rechenbeispiel:

Beckenvolumen:	400 l mit 100 mg NO_3/l = 40.000 mg NO_3
Teilwasserwechsel:	− 100 l
verbleiben im Becken:	= 300 l mit 100 mg NO_3/l = 30.000 mg NO_3
25% Wechselwasser:	100 l mit 5 mg NO_3/l = 500 mg NO_3
nach dem Wechsel:	400 l = 30.500 mg NO_3
Senkung um:	= 9.500 mg NO_3
Nitratgehalt nach dem Teilwasserwechsel:	= 90,5 mg/l NO_3

Dies verdeutlicht, dass ein 25-prozentiger Teilwasserwechsel für unser Beispielbecken eindeutig zu wenig ist und der gewünschte Effekt nicht erzielt wird. Der Nitratgehalt wurde nur um 9,5 mg/l gesenkt. Der verbleibende NO_3-Gehalt ist zur Pflege deutlich zu hoch. Um den NO_3-Gehalt auf 28,5 mg/l zu senken, wäre (unter gleichen Voraussetzungen) ein Teilwasserwechsel von 300 l Wasser notwendig.

Die Wasseraufbereitung

Leitungswasser ist kein Aquarienwasser und muss aufbereitet werden. In vielen Gegenden weisen die Leitungswässer zur Diskuspflege unbrauchbare Werte auf, die für den direkten Einsatz, einer direkten Einleitung absolut ungeeignet sind. Aussagen von Verkäufern über die Pflege in Quellwasser oder Aufzucht in Leitungswasser sagen wenig aus, da allein Leitungswasser regional sehr unterschiedlich zusammengesetzt oder von den Wasserwerken aufbereitet wird. Das Wasser sollte niemals unmittelbar aus der Leitung ins Aquarium einlaufen, die Tiere können danach mit

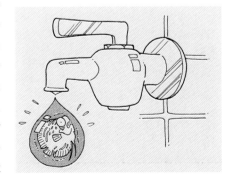

Leitungswasser kann ohne entsprechende Vorbehandlung bei den Fischen zu Problemen führen.

Leitungswasser ist aufgrund der hohen KH-Werte meist nicht direkt zur Verwendung geeignet, sondern muss aufbereitet werden. Torfgranulat spielt bei der Aufbereitung eine wesentliche Rolle.

Blockfilterpatrone des Filters. Nach Beladung mit Schadstoffen setzen sich diese selbstständig zu. Ein Durchbrechen der Schadstoffe ist nach Herstellerangaben nicht möglich.

sichtbarem Unwohlsein reagieren, das sich z.B. in Dunkelfärbung oder Flossenklemmen äußert. Die Ursache ist einmal die Entgasung des Wassers, welches unter Druck in der Leitung steht. Leicht zu erkennen bei neu gefüllten Becken an der Vielzahl kleiner Gasbläschen. Das Leitungswasser ist mehr oder weniger stark gechlort und ihm fehlen die organischen Bestandteile. Das Verhältnis von organischen zu anorganischen Stoffen im natürlichen Gewässer ist 100:1, im Leitungswasser entsprechend den gesetzlichen Bestimmungen 1:100, also umgekehrt. Ohne diese organischen und zellulosehaltigen Stoffe kann das Wasser auf die Schleimhäute und Kiemen der Tiere aggressiv reagieren. Im Leitungswasser müssen diese Stoffe durch die Wasserwerke aus hygienischen Gründen entfernt werden und fehlen. Zugesetzte Substanzen oder für menschlichen Bedarf zulässige Belastungen im Grenzbereich können dem Aquarianer darüber hinaus weitere Schwierigkeiten bereiten. Die Belastung mit Schwermetallionen, die unbemerkt durch das Rohrleitungsnetz über das Leitungswasser ins Aquarium gelangen können, sind ein weiteres Problem. Durch Kupfer-, veraltete Bleirohre oder verzinkte Rohrleitungen können toxische Verbindungen ins Wasser gelangen. In letzter Zeit scheint es größere Probleme durch im Wasser gelöstes Kupfer (CU) zu geben. Mit handelsüblichen Testreagenzien ist dies leicht überprüfbar. Die Löslichkeit des Kupfers ist dabei abhängig von unterschiedlichen Wasserparametern. Da das Wasser in Warmwasserleitungen oft längere Zeit im Rohrsystem oder im Warmwasserboiler steht, besteht hier die große Gefahr einer Anreicherung mit Kupferionen. Aber auch in Kaltwasserleitungen lauern Gefahren. So können in Rohrleitungen beispielsweise bei einer Wassertemperatur von 15 °C ca. 0,5 mg/l Kupfer und bei 70 °C Wassertemperatur sogar 2,5 mg/l Kupfer im Wasser gelöst werden. Daher sollte das Einmischen von heißem Wasser zur Temperaturangleichung ohne Vor-filterung unbedingt vermieden werden. Die Giftigkeit erhöht sich weiterhin, je weicher das Wasser ist. Bei einem Wasser von 1 °dH sind 0,1mg/l bereits bedenk-lich, bei mittelhartem Wasser von 15 °dH sind 0,2mg/l und bei hartem Wasser >15°dH 0,3 mg/l fischgiftig. Der Grad der Giftigkeit ist aber weiter abhängig von der vorliegenden Form des Kupfers. Somit ist dieses Kupfer zehn bis hundertmal toxischer als chelatisiertes Kupfer, wie es in Pflanzendüngern verwendet wird. Untersuchungen haben gezeigt, selbst wenn Leitungswasser mit einem Kupfer-wert von 1,0 bis 1,2 mg/l abläuft sinkt nach ungefähr fünf Minuten der Kupfer-wert auf nur 0,3 mg/l. Somit wird das Leitungswasser von möglichen Schad-stoffen, deren Konzentration den Fischen erhebliche Probleme bereiten kann, belastet. Die Zugabe eines handelsüblichen Wasseraufbereiters zur Bindung von Schwermetallionen ist ratsam.

Cuipera F1 Wildfang-nachzuchten, 16 Monate alt. Foto: „discus-man" J. Schütz

Wasseraufbereitung mit Aktivkohle-Blockfilter

Die Vorfilterung des Leitungswassers für den Wasserwechsel über einen Aktivkohle-Monoblockfilter ist sehr empfehlenswert. Diese Filter arbeiten mit Wasserleitungsdruck und werden mit Schnellverschlüssen an die Wasserleitung angeschlossen. Das Leitungswasser drückt sich dabei von außen nach innen durch die Filterpatrone und fließt im Inneren durch die Bohrung ab. Das Herz des Filters ist eine Monoblock-Filterpatrone, die aus gesinterter Kohle besteht und in unterschiedlichen Porenfeinheiten erhältlich ist. In ihrer dichtesten Pressung mit 0,3 µ liefert der Filter nach Herstellerangaben keimfreies Wasser. Für die Aquaristik sind jedoch Patronen mit einer Filterfeinheit von 5 µ (5.000 mm) ausreichend. Wasser-

von links: Aktivkohleblock filter montiert, links das abgeschraubte Oberteil, in das die Filterpatrone eingesteckt wird.

Patrone eines Blockfilters im Querschnitt. Für aquaristische Zwecke ist eine Filterfeinheit von 5 µ ausreichend. Somit könnte auch Regenwasser aufbereitet und verwendet werden. Parasiten können diesen Filter nicht durchdringen. Filter mit einer Filterfeinheit von 0,3 µ liefern keimfreies Wasser.

Osmoseanlage zur Wasseraufbereitung.

temperaturen bis 35 °C können den Monoblockfilter problemlos durchfließen. Der Filter entnimmt Kupfer, Blei, Chlor, Medikamentenrückstände, Pestizide, Herbizide, Fungizide, Kalk- und Rostpartikel. Untersuchungen durch Universitäten belegen Rückhalteraten dieser Stoffe von bis zu 99,9 %. Selbst Wasserbelastungen durch Bakterien (*Eschericha coli* und *Enterococcus faecalis)* werden herausgefiltert. Alle Mineralien bleiben dabei im Wasser erhalten und das Durchbrechen adsorbierter (eingelagerter) Schadstoffe ist nach Herstellerangaben ausgeschlossen. Nach Erschöpfung, die von der Belastung des jeweiligen Ausgangswassers abhängt, sind jedoch zwischen 15.000 und 25.000 l Leitungswasserdurchlauf pro Patrone möglich und hygienisch unbedenklich. Die von mir verwendete Aktivkohlepatrone wird jährlich ausgetauscht. Eine Nachbehandlung des gefilterten Wassers mit einem handelsüblichen Wasseraufbereiter halte ich trotz mancher Zweifel für sehr sinnvoll. Temperaturschwankungen von zwei bis drei Grad Celsius sind nach einem Wasserwechsel völlig unbedenklich. Die weiteren Werte wie pH, KH und Leitwert sind vor dem Wasserwechsel entsprechend anzupassen. Damit ist das Leitungswasser zwar vorgefiltert, jedoch für die weitere Verwendung zum

Wasserwechsel noch nicht ganz geeignet. Für den Wasserwechsel müssen Karbonathärte, pH-Wert und Leitwert durch Verschneiden mit entsalztem Wasser angepasst werden. Bedenken Sie, dass hohe pH-Werte mit hoher KH des Ausgangswassers nicht ausschließlich durch die Zugabe von CO_2 gesenkt werden dürfen. Die großen zugeführten Mengen an CO_2 lassen den gelösten Kohlensäureanteil des Wassers gefährlich hoch ansteigen. Hierzu geben auch Tabellen, aus denen die Wertezuordnung deutlich wird Auskunft. Leitungswasser mit hoher Karbonathärte muss vor der Verwendung entsprechend aufbereitet werden.

Herstellung von Weichwasser

Nicht nur bei der Vermehrung, sondern auch bei der Pflege im Pflanzenaquarium sollte den Fischen ein Wasser angeboten werden, das ihren Bedürfnissen sehr nahe kommt, also weiches mineralarmes Wasser. Die Herstellung eines biotopgleichen Wassers gelingt in der Praxis kaum. Dieses weiche Wasser ist aufgrund der kaum vorhandenen Härtebildner sehr instabil und eine Reihe von Zersetzungsprozessen und biochemische Abläufe im Kleinbiotop Aquarium könnten schnell zu lebensfeindlichen Bedingungen der Fische führen. Da die Wasserzusammensetzung regional sehr stark schwankt, ist eine Vorbehandlung und Aufbereitung zur Herstellung von Weichwasser erforderlich. Man spricht nun vom Verschneiden des Wassers mit mineralarmem Wasser, um die gewünschten Endwerte des Pflegewassers zu erreichen. Entsalztes Wasser ist lebensfeindlich und darf keinesfalls direkt für den Wasserwechsel verwendet werden, es sei denn, es wird mit Aufhärtesalzen aus dem Fachhandel mineralisiert.

Eine hilfreiche Möglichkeit zur Ermittlung der Mengenanteile von entsalztem Wasser und Leitungswasser ist die Kreuzregel. Nach diesem Verfahren ist das exakte Mischen zum gewünschten Wechselwasser möglich. Einsetzbar sind hierbei entweder Karbonat-/Gesamthärte, Leitwert oder ein Prozentsatz. Bei der Kreuzregel wird diagonal gerechnet, das gewünschte Ergebnis steht in der Mitte. Beispiel: Quelle A - gewünschtes Ergebnis = Menge B und Quelle B- gewünschtes Ergebnis = Menge A.

Umkehrosmoseanlagen und Aktivkohleblockfilter sind zur Wasseraufbereitung zu empfehlen.

Diagonal wird gerechnet: 18 - 4 = 14 sowie 0 - 4 = 4. Man erhält durch Mischen von 4 Litern Leitungswasser (12°dh) mit 14 Litern vollentsalztem Wasser (0°dH) 18 Liter Mischwasser mit dem gewünschten 4°dH (nach: Krause, Handbuch Aquarienwasser. Ruhmannsfelden, 1998).

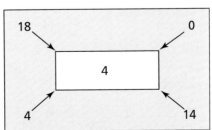

Die Vollentsalzung

Umkehrosmoseanlagen haben sich in den vergangenen Jahren mehr und mehr durchgesetzt. Konzentrat und Permeat sind sicher abhängig von Wassertemperatur und -druck, stehen aber bei qualitativ guten und entsprechend teuren Anlagen in einem annehmbaren Verhältnis. Andere Anlagen haben dagegen höhere Konzentratmengen. Das entstandene Konzentrat wird entweder zur anderen Weiterverwendung aufgefangen oder in den Abfluss geleitet. Regenerieren brauchen Sie Ihre Osmoseanlage nicht. Anfallende Kosten sind laufende Wassermehrkosten durch das Konzentrat sowie den Austausch der Verschleißteile der Patrone und der Vor- und Aktivkohlefilter. Alternativ zur Osmoseaufbereitung bereite ich mein Wasser seit vielen Jahren mit Vollentsalzern und einem vorgeschalteten Ak-

Die Verwendung von Vollentsalzern (Kati- u. Anionentauscher) ist ebenfalls möglich. Ratsam ist auch hier die Vorschaltung eines Aktivkohleblockfilters.

tivkohle-Blockfilter. Aufgrund seiner hohen Rückhalteraten, ist die Wasserqualität vergleichbar mit dem Wasser einer Osmoseanlage. Bei der Aufbereitung des Wassers mit Vollentsalzern entsteht im Gegensatz zur Osmoseaufbereitung kein Abwasser. Sie können demnach alles Wasser nutzen. Die Vollentsalzer arbeiten mit einem Zweisäulenprinzip, dem Kationen- und dem Anionentauscher. Die Befüllung der Säulen besteht aus unterschiedlichen Kunstharzen in Kugelform mit einem Durchmesser von 0,3 bis 1,2 mm, die als Filtermassen für die Aufbereitung von Wasser, Abwasser und anderen wässrigen Lösungen verwendet werden. Durch die an der Harzoberfläche und im Inneren verankerten chemischen Gruppen weisen solche Kunstharze – im Gegensatz zu üblichen Kunststoffen – eine beträchtliche chemische Reaktionsfähigkeit auf und sind hierdurch zum Ionenaustausch befähigt. Dies bedeutet, dass Ionenaustauscherharze während der Filtration die Zusammensetzung der im Wasser gelösten Salze (durch Ionenaustausch) in einem bestimmten Sinne verändern oder diese Salze entfernen können. Diese Harze lassen sich bei Erschöpfung immer wieder regenerieren und haben bei richtigem Umgang eine sehr lange Lebensdauer. Bei den in unserem Wasser befindlichen Ionen unterscheiden wir zwischen den positiv und den negativ geladenen Ionen. Die positiv geladenen Ionen bezeichnet man als Kationen, zum Beispiel Calcium, Magnesium und Kalium. Diese werden vom Kationen-

austauscher gegen Wasserstoffionen (H⁺-Ionen) ausgetauscht. Die negativ geladenen Ionen bezeichnet man als
Anionen, zum Beispiel Chlorid, Nitrat und Phosphat.
Diese werden gegen Natriumionen (OH⁻-Ionen) ge-
tauscht. Das Leitungswasser passiert zunächst den
Kationentauscher im Durchlauf von oben nach
unten. Die Erschöpfung zeigt das Indikatorharz
durch Verfärbung optisch an. Die anfängliche
Bernsteinfärbung geht über in eine deutlich
erkennbare rote Färbung. Anschließend ge-
langt das Wasser in den Anionentauscher.
Die Reihenfolge des Wasserdurchlaufes ist
sehr wichtig. Zuerst muss das Leitungswasser
den Kationen- dann den Anionentauscher durchfließen. Um die Austauscherharze des Anionentauschers nicht
zu schädigen oder zu zerstören, darf dieses Harz nicht mit Leitungswasser in Kontakt kommen, da es zerstört werden würde.
Das austretende Wasser aus dem Vollentsalzer ist mit destilliertem
Wasser zu vergleichen, also mineralarm mit einem Leitwert von etwa
3 µS/cm. Die Leistung der Vollentsalzer wird im Handel in Härteliter (HL) angegeben. Um die Kapazität des entsalzten Wassers bis zur Erschöpfung, also dem
Zeitpunkt der Regeneration zu berechnen, teilt man die HL durch den Härtegrad
seines Leitungswassers. Wer große Wassermengen aufbereiten möchte, sollte
Vollentsalzer mit einem größeren
Harzvolumen einsetzen, da sich
die Regenerationsintervalle vergrö-
ßern. Die Durchlaufmenge beim
Betrieb des Vollentsalzers sollte
0,5 l/min nicht überschreiten. Hat
der Vollentsalzer zwischen den
Gebrauchsperioden eine längere
Standzeit, ist es ratsam, die ersten
Liter des entsalzten Wassers ab-

NZ-Diskus im
Alter von 22
Monaten. Aus
einer Einkreu-
zung Rottürkis
x Grün WF F1.
Leider sind die
roten Punkte
nur bis zur Hälf-
te des Körpers
ausgebildet.

Diskus-Nachzucht aus asiatischer
Fischfarm.

laufen zu lassen, da eine Bakterienbildung nicht zu vermeiden ist. Dieses Wasser kann beispielsweise als Bügelwasser verwendet werden. Bei meiner Methode der Wasseraufbereitung läuft das Leitungswasser zunächst durch den Aktivkohleblockfilter, danach durch den Vollentsalzer.

Regenerieren von Vollentsalzern

Beide Säulen werden getrennt von einander regeneriert. Das Regenerieren des Kationentauschers erfolgt mit technischer Salzsäure (HCl). Der Anionentauscher wird mit Natriumhydroxid (NaOH) regeneriert. NaOH ist in Pulver- oder gepresster Form im Handel erhältlich. Hierbei ist das Mischungsverhältnis des Regenerats der im Filter befindlichen Harzmengen anzupassen. Nachfolgende Mengen sind für das Regenerieren vorzubereiten. Beachten Sie beim Umgang mit Säuren unbedingt die Schutzbestimmungen. Bei all den Arbeiten mit konzentrierten Lösungen (Säuren und Laugen) sind die einschlägigen Sicherheitsbedingungen und -vorschriften unbedingt einzuhalten. Schutzbrille, Gummihandschuhe und Kleidung, die verhindert, dass Spritzer auf die Haut kommen können, sind obligatorisch. Am besten erledigt man das Ansetzen der Lösungen draußen, da auch noch ätzende Dämpfe von den konzentrierten Lösungen aufsteigen. (Denken Sie an den Ausspruch des Chemielehrers: Nie das Wasser in die Säure, sonst geschieht das Ungeheure). Für den Kationentauscher werden je Liter Kationharz etwa 2,5 bis 2,7 l einer 6 bis 10-prozentigen Lösung benötigt. Wenn man 0,65 l konzentrierte technische Salzsäure in 1,95 l normalem Leitungswasser auflöst, erhält man 2,6 l einer

links:
Mit einer Wasserstrahlpumpe ist das Regenerieren von Vollentsalzern problemlos möglich.

rechts:
Das Regenerieren des Kationentauschers mit Hilfe einer Wasserstrahlpumpe. Das Regenerat befindet sich in der Kunststofftonne und wird aufgrund des Unterdrucks angesaugt und durch den Kationentauscher gepumpt.

etwa 8,2-prozentigen HCl-Lösung. Zuerst wird der Kationentauscher regeneriert, da für den Anionentauscher ausschließlich entkarbonisiertes Wasser verwendet werden darf.

Bevor Sie mit dem Regenerationsvorgang beginnen, sollte der Kationentauscher rückgespült werden, um das Harz zu entlüften. Vorhandene Lufteinschlüsse können eine Regeneration behindern. Schließen Sie hierzu den Austauscher in umgekehrter Reihenfolge an die Wasserleitung an, sodass der Wasserdurchlauf entgegengesetzt, von unten nach oben stattfindet. Erstellen Sie nun das Regenerat für den Kationentauscher. Geben Sie zuerst die erforder-

Cuipera F1 Wild-
fangnach-
zuchten, 13
Monate alt.
Foto: „discus-
man" J. Schütz

liche Menge Leitungswasser in einen entsprechend großen Behälter (Regentonne). Danach erfolgt die Zugabe der technischen Salzsäure. Mit Hilfe einer
Wasserstrahlpumpe ist das Regenerieren einfach zu bewerkstelligen. Diese wird
an den Wasserhahn angeschlossen. Den seitlichen Ausgang verbinden Sie mit
dem Ausgang des Kationentauschers. Den Eingang des Kationentauschers verbinden Sie mit einem Schlauch und legen diesen in die Regenerierlösung. Öffnen
Sie nun den Wasserhahn, wird durch entstehenden Unterdruck durch das Trieb-
wasser die Regenerierlösung von oben nach unten durch den Kationentauscher
gesaugt. Das Leitungswasser wirkt dabei als Antrieb. Je weiter Sie das Wasser
aufdrehen, umso schneller wird das Regenerat angesaugt. Nach der Regeneration
hat das Harz des Kationentauschers wieder seine bernsteinfarbene Farbe. Abschließend erfolgt das Spülen des Kationentauschers mit Leitungswasser, um
Säurereste zu entfernen. Für den Anionentauscher werden je Liter Anionharz
etwa 2,5 bis 2,7 l einer 3 bis 5-prozentigen NaOH-Lösung benötigt. Löst man
110 g NaOH in 2,6 l entsalztem Wasser, erhält man eine etwa 4,1-prozentige
NaOH-Lösung. Um den Anionentauscher zu entlüften, ist es sinnvoll mit dem vorgeschalteten, regenerierten Kationentauscher den Anionentauscher zurückzu-
spülen. Zur Regeneratherstellung des Anionentauschers entnehmen Sie die
benötigte Menge teilentsalztes Wasser aus dem Kationentauscher. Auch hier wird
das Ätznatron in das Wasser gegeben, niemals umgekehrt, da die Reaktion stark
exotherm ist, das heißt, das Wasser wird heiß. Der gleiche Vorgang mit Hilfe der
Wasserstrahlpumpe erfolgt zum Regenerieren des Anionentauschers. Der Rege-
neriervorgang sollte etwa 30 Minuten dauern. Das Spülen des Anionentauschers
darf nur mit entsalztem Wasser erfolgen. Verbinden Sie dazu beide Säulen und
spülen Sie die Reste des Regenerates mit entsalztem Wasser aus dem Anionentauscher. Anfangs werden Sie einen hohen Leitwert messen. Spülen Sie so lange, bis
der Leitwert auf ungefähr 200 μS gesunken ist. Anschließend können beide wieder

Diskusfische –
seit 1840 der
Wissenschaft be-
kannt, üben sie
bis heute nicht
nur auf Aqua-
rianer eine enor-
me Faszination
aus.
Foto:
H. G. Petersmann

von etwa sechs Wochen. Einfache Handhabung bei der Reinigung, günstige Energiekosten sowie eine hohe Effektivität sollten bei der Auswahl im Vordergrund stehen. Für ein 300-Liter-Diskusaquarium reicht eine Umwälzleistung von 1 bis 1,5 mal pro Stunde. Luftbetriebene Innen- und Außenfilter werden mit Membranpumpen betrieben und bieten eine sehr gute, energiesparende und somit kostengünstige Alternative zum motorbetriebenen Topffilter. Ein Topffilter für das Beispielbecken fördert etwa 500 l/Std. bei einer Stromaufnahme von 20 W. Dies bedeutet im Jahr einen Verbrauch von 175 KWh. Mit einer Membranpumpe können bei gleicher Leistungsaufnahme

Der Rücklauf vom Filter ins Aquarium versteckt in einem Tonrohr. Der Filter befindet sich hinter einer im Aquarium eingeklebten Rückwand.

Eine breites Angebot an Innenfiltern: Neben der einfachen Handhabung sollte auch auf den Energieverbrauch geachtet werden.

etwa 5.000 l/Std. gefördert werden. Ein Liter Luft fördert etwa fünf Liter Wasser. Mit einem luftbetriebenen Baukastenfiltersystem aus dem Fachhandel habe ich beste Erfahrungen gemacht. Diese Filter sind als Innen- oder Außenfilter zu erhalten. Aufgrund seiner Baukastenstruktur lässt sich das Filtersystem bis zu einer Fördermenge von 1.000 l/Std. ausbauen. Zusammen mit dem Luftantrieb und seiner speziellen Konstruktion wird im System, also in den Filterpatronen, ein Unterdruck erzeugt, der eine langsame sowie gleichmäßige Durchströmung des Aquarienwassers durch die Filterrohre und das Filtermedium bewirkt. Die Filter zeichnen sich durch hohe biologische Abbauleistung mit langer Standzeit aus. Befüllt man die Innenrohre zusätzlich mit Sinterglasmaterial, erreicht man auf kleinstem Raum ein sehr großes Filtervolumen. Zerdrückt man die Sinterglaskörper zwischen den Fingern, erhöht sich die Schüttdichte, die wiederum eine weitere Vergrößerung der, für die Bakterien besiedelbaren, Oberfläche ergibt. Das Absenken des Auslaufrohres bis zur Hälfte des Wasserspiegels reduziert ein mögliches Plätschergeräusch. Fließt das gefilterte Wasser nur stoßweise bzw. wird nur wenig Wasser aus dem Auslaufrohr gefördert, sind die Filterpatronen mit wenig Aufwand zu reinigen. Trennwände bieten eine Möglichkeit, die Innenfilter im Aquarium zu verstecken. Entscheiden Sie sich für einen motorbetriebenen Topf-

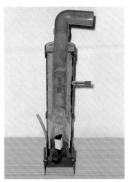

Luftbetriebene Außenfilter arbeiten biologisch hocheffektiv, sind leicht zu reinigen und werden mit einer energiesparenden Membranpumpe betrieben.

Nach einem Baukastenprinzip erweiterbare luftbetriebene Innenfilter, deren Innenrohre zusätzlich mit porösem Filtermaterial befüllt werden können.

Der entstehende Unterdruck bewirkt einen gleichmäßigen Wasserdruchfluss im gesamten Filtersystem.

Modell eines luftbetriebenen Innenfilters, eines Baukastensystems, das beliebig erweitert werden kann.

filter, reicht die auf dem Pumpenkopf angegebene Pumpenleistung pro Stunde meist nicht aus. Um die empfohlene Umwälzung zu erreichen, benötigen Sie daher eine höhere Pumpenleistung mit entsprechendem Stromverbrauch. Da diese Filter meist unter dem Aquarium stehen, reduziert sich aufgrund der Förderhöhe ihre Leistung um ca. 20 bis 30 Prozent. Der Schlauchwiderstand, die Verunreinigungen in den Schläuchen und die Verschmutzung des Filtermaterials senken ebenfalls die Filterleistung. Auf jeden Fall muss man sich letztlich für eine Lösung entscheiden. Zur Filterung eines Diskusaquariums ist weder eine extrem starke Pumpenleistung noch ein extrem hoher Wasserdurchsatz sinnvoll. Der Beckeninhalt sollte max. 1-1,5 mal stündlich den Filter passieren. Innenfilter, geschickt im Aquarium platziert, bieten eine ideale Möglichkeit. In Aquarien mit einer eingeklebten Rückwand lässt sich dieser Rückraum zwischen Rückwand und der hinteren Scheibe sehr gut mit Filtermaterial (blauer Filterschaumstoff oder Sinterglas) füllen und bietet einen ideal versteckten Filter. Die Förderleistung der Pumpe (luftoder motorbetrieben) benötigt eine nicht so hohe Leistung wie beim Topffilter beschrieben, da keine Höhe überwunden werden muss. Wie groß sollte der Filter sein? Die oft gegebene Antwort: „so groß wie möglich" ist falsch. Empfehlungen zur Filtergröße von drei bis acht Prozent des Beckenvolumens findet man in der Literatur. Jedoch ist die Filtergröße nicht abhängig von der Aquariengröße, sondern

Einblick von oben in das mit Koks gefüllte Filterbecken.

*Symphysodon
aequifasciatus,*
Zuchtform
Flächen-Türkis.
Foto: B. Kahl

links:
Eine interessan-
te Konstruktion
des Luftheber-
rohres.

rechts:
Im Betrieb zwei
Förderrohre hin-
ter einer Filter-
matte. Der star-
ke Wasseraus-
stoß ist gut zu
erkennen.

vom Grad der Verschmutzung, also dem Fischbesatz und der Futtermenge, die verarbeitet werden muss. Der Filterbedarf und seine biologische Leistung lassen sich mit dem BSB 5 Faktor berechnen. Hierzu finden Sie im Internet hilfreiche Berechnungstools. Die Filterleistung ist jedoch zu gering, wenn (nach der Einlaufzeit) noch 0,2 bis 0,5 mg/NO_2. nachweisbar ist. Die optimale Funktion zeigt ein Filter, wenn die Wassermenge, die Pumpenleistung und die Filteroberfläche im annähernd richtigen Verhältnis stehen. Unterstützt wird der Filter durch zwei wesentliche, aber direkt in Zusammenhang stehende Einflüsse: dem Fischbesatz sowie einer mäßigen und richtigen Fütterung der Diskus. Es ist also eine in allen Punkten entsprechende und effektive Filtermöglichkeit zu wählen.

Der Hamburger Mattenfilter

Beste Erfahrungen habe ich mit dem „Hamburger Mattenfilter" gemacht. Dieser Filter ist nicht neu, trotzdem zu wenig bekannt. In den 1960-iger Jahren ist dieses Filtermodell erstmals aufgetaucht. Nicht nur die niedrigen Anschaffungs- und späteren Betriebskosten, sondern die einfache Handhabung sowie die große biologische Aktivität haben möglicherweise dazu beigetragen, diese Filterart in letzter Zeit wieder neu zu entdecken. Es handelt sich um einen Innenfilter, der sich im Aquarium optisch gut unterbringen lässt. Er besteht aus einer Filterschaummatte und einer kleinen Motorpumpe mit geringem Stromverbrauch oder einem Luftheber, der mit einer Membranpumpe betrieben wird. Die benötigten Filtermatten sind als blaue oder grüne Schaumstoffplatten, in unterschiedlichen Poro-

links:
Einbau eines Hamburger Mattenfilters in der hinteren Ecke eines Aquariums.

rechts:
Hinter der Matte dient ein luftbetriebener Innenfilter als Antrieb. Eine Membranpumpe sorgt für einen starken Wasserausstoß.

sitäten (ppi) und Stärken im Fachhandel erhältlich und bieten eine ausreichend große Oberfläche. Verwenden Sie keinesfalls fremde Schaumstoffe, sondern ausschließlich die beschriebenen, um vor unliebsamen Überraschungen bewahrt zu bleiben. Stoffe von mittlerer Struktur (ppi 30) und einer Stärke von 30 bis max. 50 Millimeter haben sich bestens bewährt. Die Matte wird entweder als Dreieck, als gebogene Matte oder einfach seitlich als Beckenabtrennung im Aquarium installiert. Die einfachste Möglichkeit ist aber, das Aquarium durch die Filtermatte seitlich abzuteilen. Um einen festen Stand der Matte zu erreichen, kleben Sie zwei etwa 35 Millimeter breite Glasstege über der gesamten Beckenhöhe ein. Der Abstand beider Stege sollte zehn Millimeter geringer sein als die Mattenstärke. Um das Eindringen von Bodengrund beim Herausheben der Matte zu verhindern, ist es sinnvoll, zwei weitere Glasstege mit der Höhe des Bodengrundes auf die Bodenscheibe zu kleben. Somit lässt sich die Filtermatte problemlos als Einschub befestigen. Eine weitere Möglichkeit ist, die Filtermatte in einer Ecke des Beckens zu platzieren. Somit bleibt von vorne der freie Einblick ins Aquarium gewähr-

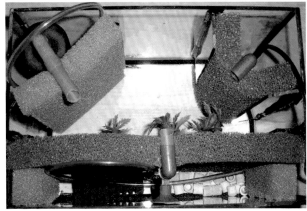

Es gibt viele Möglichkeiten, einen „Hamburger Mattenfilter" (HMF) im Aquarium zu integrieren. Im Internet gibt es dazu sehr ausführliche Berichte.

Der Einsatz von Großmembranpumpen ist beim Betrieb mehrerer mit Luftfiltern betriebenen Aquarien sinnvoll.

leistet. Der Einbau eines Eckfilters erfolgt ebenso mit Glasstreifen zur Fixierung wie oben beschrieben. Der Filterantrieb, eine kleine Motorpumpe oder ein Luftheber befinden sich hinter der Schaumstoffmatte in der entstandenen Kammer. Die Motorpumpe steht in der Kammer auf dem Aquarienboden. Für den Rücklauf schneiden Sie einige Zentimeter unter der Wasseroberfläche mit einem Messer einen kleinen Schlitz in den Schaumstoff, um hierdurch das Schlauchende ins Becken zurück zu führen. Beim Luftheberbetrieb sollte man jedoch das Plätschern des zurücklaufenden Wassers berücksichtigen. Im Bereich hinter der Matte können Regelheizer, zusätzliches Filtersubstrat (Sinterglas) oder Messelektroden untergebracht werden. Bei größeren Mattenflächen können auch zwei Antriebe verwendet werden. Die optimale Anström-/Durchströmgeschwindigkeit beträgt 5 bis 10 Zentimeter pro Minute. Daraus ergibt sich der entsprechende Filterquerschnitt. Dies begründet die hohe biologische Abbau-

Eine andere Möglickeit, den Mattenfilter mit zwei Schwammblöcken einzubauen: Der Antrieb befindet sich in der Mitte. Dahinter lassen sich Messelektroden, Heizstab oder zusätzliches Filtermaterial unterbringen.

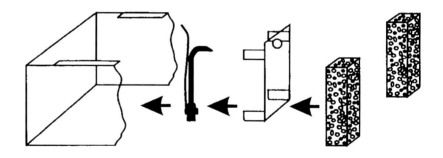

leistung. Im Internet finden Sie hilfreiche Seiten, in die Sie ihre Daten einsetzen können und mit Hilfe verschiedener mathematischer Formeln die geeigneten Filterparameter für Ihr Aquarium errechnen können. Die wesentliche Abbauarbeit geschieht in den ersten beiden Zentimetern der Filtermatte. Der anfänglich blaue Filterschaum wird nach kurzer Zeit durch die Mikroorganismen besiedelt und verfärbt sich braunschwarz. Ist dies der Fall, kann man davon ausgehen, dass eine ausreichende Besiedelung mit Bakterien stattgefunden hat. Der Algenbewuchs behindert die wirksame Funktion der Matte nicht. Die Filtermatte lässt sich hervorragend mit Aufsitzpflanzen (Javafarn, *Anubias*-Arten oder Javamoos) dekorieren. Diese lassen sich zum Beispiel mit Kunststoffstecknadeln aus dem Dekorateurgeschäft oder Angelschnur im Schwamm leicht befestigen und wachsen nach einiger Zeit an der Matte fest. So passt sich der Mattenfilter der Einrichtung hervorragend an. Niemand wird nach weinigen Monaten dort einen Filter vermuten. Eine direkte Pflege, wie bei Topffiltern ist nicht notwendig, sondern für den Mattenfilter eher schädlich. Der Filter selbst ist absolut wartungsarm. Der Mulm, der sich nach einiger Zeit in der Filterkammer bildet, sollte dort verbleiben und nicht abgesaugt werden, da er eine wichtige Funktion übernimmt. Darin leben Milliarden von Mikroorganismen, die zur Wasserreinigung beitragen und helfen, das Wassermilieu zu stabilisieren. Die eigentlichen Reinigungsarbeiten des Mattenfilters beschränken sich auf gelegentliches direktes Absaugen der Filtermatte mit einem Schlauch beim Wasserwechsel. Erst dann, wenn der Wasserstand hinter der Matte deutlich absinkt, ist eine gründlichere Reinigung notwendig. Dies ist bei meiner Anwendung seit über drei Jahren nicht erforderlich. In meinen Becken laufen die Mattenfilter zu meiner großen Zufriedenheit sowohl mit luftbetriebenen Antrieben als auch mit kleinen Motorpumpen.

Nitrat im Aquarienwasser

Als Endprodukt der Nitrifikation verbleibt Nitrat NO_3 im Aquarienwasser, dem oftmals zu wenig Bedeutung beigemessen wird. In hohen Konzentrationen wirkt es als Gift. Hohe NO_3-Werte im Aquarienwasser schädigen das Immunsystem der Fische, behindern das Pflanzenwachstum und lassen Algen prächtig gedeihen. Fische, besonders Jungfische, können durch hohe Nitratkonzentrationen irreparable Schäden wie beispielsweise Verkrüppelungen an Kiemendeckeln und Flossen erleiden. Ohne entsprechende Pflegemaßnahmen würde sich Nitrat immer weiter anhäufen. Bei NO_3-Werten von 200 bis 250 mg/Liter kann es aufgrund einer Hemmung der Enzymaktivität der Filterbakterien zu Störungen im Nitrifikationsablauf kommen. Die Beseitigung des Nitrates aus dem Aquarienwasser folgt im nächsten Kapitel.

Denitrifikationsfilter mit Sinterglasfüllung. Unter anaeroben Bedingungen unter Zufütterung der Bakterien mit Kohlenstoffverbindungen wird NO_3 zu Stickstoff abgebaut.

Der Denitrifikationsfilter

Diese Filter arbeiten ausschließlich im anaeroben Bereich. Hierbei wird der Nitratsauerstoff NO_3 von entsprechenden Bakterien (*Fla-*

vobacterium, *Pseudomonas aeruginosa, P. denittrificans* u.a.) veratmet, biologisch abgebaut und ersatzfrei entfernt (NO$_3$ -> NO$_2$ -> NO -> N$_2$O -> N$_2$). Aus 1.000 mg Nitrat (10 l Wasser mit 100 mg/l NO$_3$) entstehen ungefähr 0,4 Liter N$_2$-Gas. Dieses Gas entweicht als Stickstoff, der zu 80 % in der Atmosphäre vorhanden ist. Die Denitrifikation erfordert folgende Bedingungen: Sauerstoffgehalt <1,5 mg/l, Wassertemperatur 18 bis 35 °C und einen pH-Wert von pH 6 bis pH 9. Der Unterschied zu Nitratharzen, die in Filtersäulen erhältlich sind, ist das ersatzfreie Entfernen und nicht der Austausch von Nitrat- und Chloridionen. Allerdings ist der Betrieb eines Denitrifikationsfilters weit komplizierter und komplexer. Die Gefahr besteht darin, dass Nitrat zu Nitrit reduziert wird, aber Nitrit nicht weiter zu Stickstoff. Damit dies von den Bakterien bewältigt werden kann, muss ihnen eine Kohlenstoffverbindung in flüssiger Form als Nahrungsgrundlage in richtiger Dosierung zur Verfügung gestellt werden. Der Sauerstoffbedarf wird nicht aus im Wasser gelöstem Sauerstoff sichergestellt, sondern aus dem Nitrat gedeckt. Unter Beachtung des Redoxpotentiales, welches im Denitrifikationsfilter deutlich im negativen Bereich (-50 bis -200 mV) liegen muss, lassen sich im Einsatz Wasserwerte mit einer schwachen organischen Belastung erzielen. Das niedrige Redoxpotential bietet dabei günstige Wuchsbedingungen für Aquarienpflanzen. Der Fachhandel bietet entsprechende Filter mit passenden Nährlösungen an. In vielen Aquarien laufen im Bodengrund unbemerkt Denitrifikationsprozesse ab. In ausreichend hohen und nicht zu lockeren Bodenschichten kann sich ein anaerobes Milieu einstellen, wobei das Nitrat ebenfalls zu gasförmigem Stickstoff reduziert wird. Abschließend bleibt jedoch festzustellen, dass Denitrifikationsfilter den Wasserwechsel nicht ersetzen, sondern als Systemunterstützung zu sehen sind.

Nitratentfernung mit Austauscherharzen

Es handelt sich um Harze in Form eines stark basischen Anionentauschers, die in der Chloridform verwendet werden und bei Beladung wieder mit einer 10-prozentigen Kochsalzlösung regeneriert werden. Wie der Name bereits verrät, kommt es hierbei zu einem Austausch von Chloridionen und anderen Ionen besonders Nitrat- und Sulfationen. Hierdurch kann der Leitwert des Wassers stetig ansteigen. Die Eigenschaften der Austauschkapazität sowie die Karbonathärte schwanken während seines Einsatzes. Das Ionenspektrum verändert sich in einen unnatürlichen Bereich. Es handelt sich um kein Indikatorharz. Der Beladungszustand des Nitratharzes muss also sehr oft durch Messungen des Nitratgehaltes im Auslauf geprüft werden.

Filterung mit Hilfe von Landpflanzen

Filterung ist vielleicht der falsche Begriff. Besser bezeichnet man diesen oft vernachlässigten Prozess als Abbau organischer Produkte durch Pflanzen. Für submerse Aquarienpflanzen sind überhöhte Nitratwerte schädlich und behindern deren Wachstum. Des Weiteren führen sie zu starkem Algenwuchs und zu schlechtem Wuchs der Fische. Dennoch gibt es Wasserpflanzen, die als regelrecht nitratsüchtig einzustufen sind. Im Blattwerk von Hornfarnen *(Ceratopteris cornuta)* wurde ein Vielfaches des Nitratwertes vom Aquarienwasser nachgewiesen. Der Hornfarn kann als Schwimmpflanze eingesetzt werden und bildet mit seinem starken feinfiedrigen Wurzelgeflecht einen tollen Effekt. Die Pflanze ist schnellwüchsig, bildet viele Ausläufer an den Blattenden und muss regelmäßig

links:
Hier die Wurzel der Efeutute.

rechts:
Deutlich zu sehen die Luftwurzeln von *Monstera gigantaea*, die sich unter Wasser zu dichten Wurzelgeflechten ausbilden.

ausgedünnt werden. Von ihren Pflegeansprüchen her eignet sie sich gut für das Diskusaquarium. Ebenfalls geeignet ist der biologische Abbau durch Landpflanzen. Diese erfüllen über Wasser einen weiteren dekorativen Zweck und bilden unter Wasser stark verzweigte Wurzelgeflechte, die helfen, die organische Wasserbelastung zu reduzieren. Mit geeigneten Landpflanzen, zum Beispiel der Efeutute *(Scindapsus aureum, Rhaphidophora, Epipremnum)* oder dem Fensterblatt *(Monstera)* mit seinen Luftwurzeln, der Purpurtute *(Syngonium)*, dem Zwerggummibaum *(Ficus pumila)* oder dem Einblatt *(Spathiphyllum)* gibt es eine weitere Möglichkeit, Schadstoffe biologisch aus dem Aquarienwasser zu entfernen. So können Sie die Luftwurzeln des Fensterblattes direkt in das Aquarienwasser hängen. Wurzelgeflechte unter Wasser helfen, Nitrat- und Phosphatwerte biologisch zu re-

Geschlechtsreife
S. a. haraldi-
Nachzuchten.

duzieren. Gerade Phosphat ist ein idealer Algennährstoff, dessen Messwerte 0,5 mg/l nicht überschreiten sollen. Eine weitere Möglichkeit ist der Einsatz eines Pflanzenfilters. Hierbei durchströmt ein Teil des gefilterten Wassers im Bypassprinzip einen mit Hydrokultur gefüllten und bepflanzten Behälter, bevor es ins Aquarium zurückfließt. Im Buch „Aquarien dekorativ bepflanzen" von B. Teichfischer finden Sie eine sehr gute Beschreibung zur Bauweise eines solchen Pflanzenfilters.

Der UV-Filter

Bei der UV-Strahlung handelt es sich um einen nicht sichtbaren Lichtbereich mit einem Wellenlängenbereich zwischen 100 und 380 nm (Einheit: 1 Nanometer (nm) = 0,000.000.001 m). Je nach Bereich ändert sich die Wirkung von UV-Licht. Es ist im Bereich zwischen 200 und 280 nm ein wirksames Mittel zur Wasserentkeimung. Es hat dabei ausschließlich Einfluss auf das Wasser, welches unmittelbar an der UV-Röhre vorbeifließt. Auf das Wasser im Aquarium und seine Bewohner hat es direkt keinen Einfluss, da die Strahlung nach wenigen Zentimetern Eindringtiefe unmittelbar adsorbiert wird und weder vom Wasser gespeichert noch transportiert wird. Eine Schädigung von Wasserpflanzen, Fischen oder Filterbakterien ist daher ausgeschlossen. Hieraus abgeleitet erklärt sich auch die oft zu hörende Aussage der sterilen Umgebung als unsinnig. Um jedoch eine effektive Wirkung zu erzielen, sind weitere Punkte zu beachten. Der Durchlaufspalt sollte im Durchmesser gering sein. Je größer dieser ist, je mehr Wasser fließt vorbei ohne tatsächlich vom UV-Licht beeinflusst zu werden. Die wasserseitige Oberfläche muss sauber bleiben. Bei gelblich gefärbtem Wasser (Torfeinsatz) kommt der größte Teil des UV-Lichtes nicht mehr zur Wirkung. Wie kommt es zur Entkeimung? Die UV-Strahlung wird vom Eiweiß absorbiert und schädigt dieses. Viren, Bakterien, Algen, Hefen u.s.w. werden somit zerstört. Sind UV-Strahler mit geringerer Leistung im Einsatz, ist es möglich, deren Effektivität durch eine längere Bestrahlungszeit auszugleichen. Grundsätzlich möchte ich bemerken, dass in einem nach meinen Empfehlungen besetzten Diskusaquarium eine UV-Lampe überflüssig ist.

Das Futter

Wohl bei keiner anderen Zierfischart wurden oder werden derart intensive Diskussionen zum Thema Futter geführt, wie bei der Ernährung der Diskusbuntbarsche. Dabei gilt für Diskus das Gleiche, wie für andere Zierfische. Die Qualität,
egal ob es sich um Trocken- oder Frostfutterware handelt, ist bekanntlich einer der
Faktoren für eine erfolgreiche Pflege. Bei dem umfangreichen Angebot, das es im
Fachhandel zu kaufen gibt, sollte es heute kein Problem sein, Diskusfische gesund, richtig und entsprechend ihren Anforderungen in
verschiedenen Altersstadien zu ernähren. Billigfutter ist
keine optimale Nahrung. Einseitige, vitaminarme Nahrung ohne Abwechslung führt zu Mangelerscheinungen.

Der Fachhandel
bietet ein breite
Futterpalette
zur ausgewoge-
nen Ernährung
von Diskusbunt-
barschen.

Gierig versu-
chen Nachzucht-
tiere das Futter
zu erreichen.
Der Futterneid
im Schwarm
spielt hierbei
eine wesentliche
Rolle.

Durch Einblasen von Wasser wirbelt Futter auf und wird von den Fischen gefressen.

Falsches sowie überdosiertes Futter führt zu trägen, krankheitsanfälligen Fischen und ist die Ursache für Verfettungen der inneren Organe. Fische leben im Aquarium sehr energiearm. Dies bedeutet, dass sie einen Nahrungsmangel weit besser ertragen, als ein Überangebot an Nahrung. Jedes eingebrachte Futter belastet das Wasser. Es entsteht dabei eine organische Wasserbelastung mit unerwünschten Nebenwirkungen. Folge davon können ein verstärktes Algenwachstum, unschöne Wassertrübungen, erhöhte Keimzahlen, schlechter Pflanzenwuchs und nicht zuletzt Stress bei den Fischen sein. Möglicherweise droht das System Aquarium zu kippen. Der Hauptfehler ist in vielen Problemfällen meist eine zu reichliche Fütterung und ein zu hoher Fischbesatz. Hier wird deutlich, wie verschiedene Faktoren ineinander übergreifen. Widerstehen Sie den Bettelaktionen Ihrer Diskus und halten Sie einen Fastentag in der Woche ein. Sparsame Futtergaben halten die Wasserbelastung in Grenzen, ohne dabei die

Bedürfnisse der Fische einzuschränken. Futterempfehlungen bis zu zehnmal täglich sind für die Pflege im bepflanzten Aquarium sicherlich übertrieben. Parasitenfreien Diskus reichen in der Aufzucht nach meinen Erfahrungen eine viermalige tägliche Fütterung in kleinen Portionen. Adulten Tieren im Pflanzenaquarium einmal täglich. Warum das so ist? Sie füttern die Fische und nicht deren Darmparasiten. Infizierten Diskusfischen werden u.a. Nährstoffe entzogen und entstehende Entzündungen im Verdauungstrakt schädigen die Tiere derart, dass Futter nicht verwertet werden kann. Aquarianer versuchen dies dann mit häufigeren Fütterungen auszugleichen. Von parasitenfreien Diskusfischen wird das Futter optimal verwertet. Sehr deutlich zu erkennen an deren schnellen Futterverdauung. Eine abwechslungsreiche Ernährung trägt wesentlich zur Gesunderhaltung der Diskus bei.

Flocken- und Granulatfutter

Bei der Zusammensetzung von Trockenfutter mit zugesetzten Mineralien und Vitaminen sollten Sie den Experten in den Forschungslaboren der Futtermittelhersteller vertrauen. In Fachzeitschriften häufen sich Inserate von Billigfutter zu Dumpingpreisen. Ich empfehlen Ihnen, ausschließlich Markenfutter zu verwenden. Nur damit ist eine Futterqualität garantiert, in der alle Nährstoffe, Vitamine und Mineralien enthalten sind. Für eine gesunde Entwicklung sowie artgerechte Ernährung ist dies wichtig. Kaufen Sie kleine Mengen, die innerhalb von sechs Wochen nach dem ersten Öffnen der versiegelten Verpackung aufgebraucht werden, auch wenn Großgebinde sicher preiswerter sind. Bei nur einem Diskusaquarium kann man davon ausgehen, dass in der kleinen Menge alle Futterbestandteile und andere wertvolle Einmischungen erhalten bleiben. Im Gegensatz dazu

Flockenfutter wird von Diskusfischen gern gefressen.

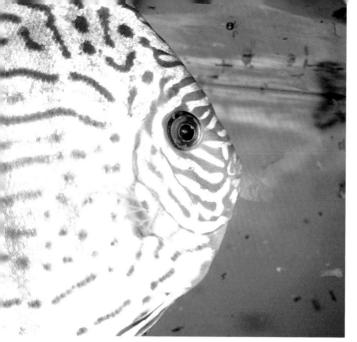

Gesunde Diskus lassen sich an viele Futterarten problemlos gewöhnen.

sollten Sie abgepacktes Futter in Beuteln oder durchsichtigen Kunststoffbehältern sehr kritisch betrachten. Die Herkunft und das Alter sind nicht kontrollierbar. Inhaltsstoffe und Angaben fehlen, oder sind nicht eindeutig deklariert. Die Qualität bleibt fragwürdig, da Licht, Sauerstoff und Feuchtigkeit den Nährstoffgehalt herabsetzen. So werden die Vitamine A, E, K und C von Sauerstoff, E, K, B2, und B6 von Licht zerstört. Wertvolle essentielle Eiweiße zersetzen sich und ungesättigte Fettsäuren werden ranzig und wertlos. Flockenfutter ist hygroskopisch, dies bedeutet Wasser anziehend. Finden Sie im Futter durch Feuchtigkeit verklumpte oder verklebte Futterbrocken, sollte dies auf keinen Fall verfüttert werden. Durch das ständige Öffnen können sich bei falscher Lagerung Schimmelpilze bilden. Diese sind in der Lage, ein Nierengift zu bilden, welches sich durch die Vermehrung der Pilze im Futter immer weiter anreichert. Aquarianer, die nur ein oder zwei Aquarien mit Diskusfischen pflegen, sollten auf große Futtergebinde unbedingt verzichten. Parallel zum Flockenfutter wird seit einigen Jahren Granulatfutter im Fachhandel angeboten. Das Herstellungsverfahren durch Extrusion ist ein aufwändiges und anspruchsvolles Verfahren. Es sichert eine schonende Verarbeitung aller Rohstoffe. Extruder lassen sich mit einem großen Fleischwolf vergleichen. Die trockenen Ausgangsstoffe kommen in einen Dosierer, werden im Vorkonditionierer zusammen mit Flüssigstoffen vermischt oder mit Dampf erhitzt und gelangen dann in das Herzstück des Extruders. In diesem Verfahrensteil drehen sich von einer Antriebseinheit mit Elektromotor angetrieben ein bis zwei Schnecken in einem Hohlzylinder und treiben durch ihre Bewegung den Inhalt voran. Je nach zugeführter Drehenergie vermengt und erhitzt die Schnecke die Stoffe stärker oder weniger stark (durch mechanische Scherung und Reibung). So entsteht eine pumpfähige Masse, die durch eine Düse gepresst und von einer Granuliervorrichtung in die gewünschte Form gebracht wird: Die ausgepressten Stränge lassen sich entweder in Pellets von beliebiger Länge schneiden oder zu Formen wie Sterne, Herzen, Knochen, Bärchen oder Dinos stanzen, auf Wunsch sogar mehrfarbig. Zusammensetzung und Art der Rohstoffe sind diesem Stahlgebiss egal, solange es sich dabei um rieselfähiges Material handelt: Schnipsel, Flocken, Körner, Granulat, Pulver oder Mehle. Kunststoffe, Glasfasern, Holz, Schlachtabfälle, Mais, Reis oder Soja können so gleichermaßen verarbeitet werden. Aus tierischen und pflanzlichen Proteinen lässt sich beispielsweise geformtes Katzen-, Hunde- oder Fischfutter herstellen. Züchterbits, die bereits von vielen Aquarianern erfolgreich verfüttert werden, ist die Bezeichnung eines Granulates, das ich mit gutem Erfolg seit längerem benutze. Granulat hat gegenüber Flockenfutter den Vorteil, dass es sich in Futterautomaten besser anwenden lässt als Flockenfutter, welches zum Verkleben neigt. Granulatfutter zeigt ein besseres Sinkverhalten und kann bei Bedarf mit Vitaminlösungen gut präpariert werden. Die Inhaltsstoffe der Züchterbits werden wie folgt deklariert: Fischmehl, Sojaschrot, Weizen, Spirulina, Garnelen, Hefe, Spinat, Artemia, Grünmehl, Kakao und eine Kräutermischung. Die Größe der Bits beträgt 1,5 x 0,5 mm. Weiterhin ist deklariert: Rohprotein 48 %, Rohfett 8 %, Rohfaser 4 %, Rohasche 10,5 %, Vitamin A 30.000 i.E/kg, Vitamin D3 2000 i.E/kg, Vitamin E 300 mg/kg, Vitamin C stabilisiert 150 mg/kg, Ca 1,8 %, P 1,2 %, Na 0,4 %, Lysin 3 %, Carotinfarbstoffe Astaxanthin 200 mg/kg und einem Schüttgewicht von 450 bis 480 g/l.

WF-Farben im Pflanzenaquarium. Bei guter Pflege und bestem Gesundheitszustand zeigen Diskusfische brillante prächtige Farben.
Foto:
W. Kochsiek

Vitaminisieren von FD-Futterware

Zutaten zur Vitaminanreicherung. Rote Mückenlarven FD, flüssige Vitaminmischung, Metallstift mit Gummikappe und Spritze.

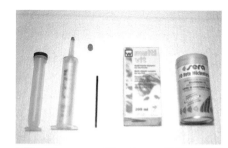

Das Einfüllen der FD-Mückenlarven in die Spritze.

Der Kolben wird in die Spritze eingesetzt, der Stopfen am Ende abgezogen und die Luft aus der Spritze herausgedrückt bis Vitaminflüssigkeit austritt. Die Spritze wird mit dem Gummistopfen verschlossen.

Die FD-Mückenlarven saugen sich durch Unterdruck mit der Vitaminflüssigkeit voll.

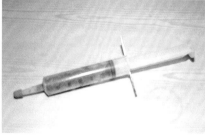

Diskusfische lassen sich auch mit gefriergetrocknetem FD (freeze dried = gefriergetrocknet)-Futter ernähren. Hiermit steht ein weiteres qualitativ hochwertiges Futter zur Verfügung, bei dem das Einschleppen von Krankheitserregern ausgeschlossen ist. Verschiedene Futtertiere, die auch als Frostfutter im Handel sind, werden im Fachhandel als FD-Futter angeboten. Der Hinweis auf gute Qualität darf an dieser Stelle nicht fehlen, da bei Billigangeboten oftmals mehr Staub als ganz erhaltene Futtertiere angeboten werden. Mit dem Herstellverfahren, der Sublimation (ein Wechsel von Eis zu Dampf, ohne die Flüssigkeitsphase zu durchlaufen) wird den Futtertieren die Feuchtigkeit entzogen. Bei guter Gefriertrocknung sind alle Nährstoffe, die im Lebendfutter vorhanden sind, auch in den gefriergetrockneten Futterstoffen enthalten. Am geeignetsten von den gefriergetrockneten Futterstoffen sind rote Mückenlarven, die heute sogar kommerziell für die Gefriertrocknung gezüchtet werden. Das Futter ist frei von Parasiten. Der Nachteil des Futters besteht darin, dass es wegen der trockenen Substanz an der Wasseroberfläche treibt und von den Fischen zunächst kaum beachtet wird, das Wasser belastet und möglicherweise zu verderben droht. Eine optimale Möglichkeit, das Futter absinken zu lassen und gleichzeitig zu vitaminisieren, bietet das Verfahren mit Hilfe der Futterspritze von Norbert Menauer. Man verwendet eine 50-ml-Spritze aus der Apotheke. Der Kolben wird herausgezogen und die Spritze wird vorne mit einem Gummistopfen verschlossen. Jetzt wird Vitaminflüssigkeit bis etwa zur 10-ml-Marke eingefüllt. Ob ein flüs-

siges Vitaminprodukt oder pulverisierte, in Wasser aufgelöste Vitaminmischungen, verwendet werden, ist dabei unwesentlich. Hiernach wird die Spritze randvoll mit roten FD-Mückenlarven aufgefüllt. Bevor der Kolben wieder eingeführt wird, bohrt man in den Kolben an der Unterseite eine kleine Bohrung. Den vorbereiteten Kolben setzt man nun in die Spritze ein und nimmt den Verschlussstopfen vorne von der Spritze ab. Jetzt drückt man den Kolben vorsichtig hoch, bis am Ende Vitaminflüssigkeit austritt. Danach wird die Spritze wieder mit dem Stopfen verschlossen und der Kolben zurückgezogen. Dabei ist ein leicht entstehender Unterdruck spürbar. Den Kolben nun bis zur Bohrung herausziehen und mit einem Nagel gegen das Zurückrutschen sichern. Die Spritze lässt man so 20 Minuten liegen. Aufgrund des entstandenen Unterdrucks werden sich die FD-

Mückenlarven mit der Vitaminflüssigkeit (vorausgesetzt das Verhältnis Flüssigkeit/Trockenmasse stimmt) vollsaugen. Zum Schluss wird der Verschlussstopfen vorsichtig abgezogen, der Sicherungsstift entfernt und der Kolben heraus gezogen. Die präparierten Mückenlarven können jetzt mit einem kleinen Löffel entnommen und verfüttert werden. Der allergrößte Teil des Futters wird sofort absinken und von den Fischen gierig gefressen. Lassen Sie Ihre Tiere vor dieser Fütterung ruhig hungern. Umso gieriger werden sie das Futter fressen. Eine ballaststoffreiche Nahrung soll die Perestaltik (Darmbewegung) anregen. Kohlenhydrate aus pflanzlichen Nahrungsbestandteilen sind wichtig, da aus ihnen Schutzstoffe der Darmschleimhaut gebildet werden. Hierbei zählt ebenso wie beim Trockenfutter die Qualität.

Frostfutter

Zur weiteren Ernährung gehört das große Angebot an Frostfutterware. So ziemlich alles, was als Lebendfutter herumkrabbelt, wird auch gefrostet im Handel angeboten. Die gefrosteten Futtertiere sollten als solche zu erkennen sein. Aufgetaute Proben dürfen nicht übel riechen. Markenware ist Billigangeboten vorzuziehen. Billigprodukte enthalten oftmals Verunreinigungen oder hohe Anteile von Wasser. Übel riechendes Frostfutter wurde durch Verarbeitungsprozesse möglicherweise mehrfach aufgetaut, durch Bakterien verdorben und wieder eingefroren. Dies beeinträchtigt die Qualität. Qualitätsverluste bei Frostfutter entstehen auch durch zu lange Lagerung. Frostfutter sollte maximal sechs Monate gelagert werden. Zerfallsprozesse laufen auch bei einer Kühlung bei −20 °C ab, wenn auch langsamer als bei 0 °C. Erhebliche Quali-

Der Futterbecher Marke Eigenbau verhindert zuverlässig, dass Frostfutter zwischen Pflanzen an der Wasseroberfläche verdirbt.

tätsverluste können auch durch eine Unterbrechung der Kühlkette entstehen. Frostfutter kann hierdurch wertlos oder beim wieder Einfrieren sogar giftig werden. Woran lässt sich dies äußerlich erkennen? Am Beispiel von Mysis ist dies relativ leicht zu sehen. Die Verwesung der Schwebegarnelen ist an einer Schwarzfärbung im Kopfbereich zu erkennen. Schon beim Kauf sollten Sie das Frostfutter kritisch prüfen. In Klarsichtverpackungen dürfen keine Kristallbildungen oder Antrocknungen zu erkennen sein. Die Verpackungen sollten nicht beschädigt sein. Die Folge davon wäre der Gefrierbrand, da dem Futter durch einsetzende Verdunstungsprozesse die Feuchtigkeit entzogen wird. Zu meiner Frostfutterpalette zählen seit Jahren: Rinderherzmischungen, Artemia, Mysis sowie gehackter Spinat. Bei Mysis handelt es sich um ca. 5 mm lange Schwebegarnelen aus den Salzwassergebieten, jedoch nicht aus Nord-Ostsee. Sie bestehen aus 80 Prozent Wasser, 13 Prozent Eiweiß (Proteine), 1 Prozent Fett, Vitamin B1 und sind ein hervorragendes Futter für Diskus. Als Artemia verfüttere ich eine hervorragende Qualität aus ostdeutscher Produktion. Da Frostfutter nicht unmittelbar im Aquarium absinkt, sondern an der Wasseroberfläche treibt, habe ich eine einfache Methode um das Wegtreiben des Futters zwischen Schwimmpflanzen zu verhindern. Ein kleiner Kunststoffbecher, in dem seitlich und an der Unterseite mehrere 8-Millimeter-Bohrungen eingebracht wurden, verhindert dies. Taut das Futter auf, sinkt es auf den Becherboden und die Diskus zupfen Artemia und Mysis heraus. Dieser Trick funktioniert auch mit Granulat. Der Becher wird zur Fütterung mit einer Klammer am Beckenrand befestigt. Auf rote, schwarze oder weiße gefrostete Mückenlarven auch aus künstlicher Zucht verzichte ich bereits seit längerer Zeit, da die Qualität sehr unterschiedlich, ja teilweise sogar als schlecht zu bezeichnen ist. Eine immer wieder gestellte Frage ist, wie das Frostfutter verfüttert werden soll. Das Verfüttern von überlagertem Frostfutter kann zu erheblichen Problemen bis zum Tod der Tiere führen. Frostfutter verfütterte ich bisher nicht aufgetaut. Da nur die angetauten Futtertiere unmittelbar von den Fischen gefressen werden, konnte ich hierbei nie Probleme feststellen. Hier streiten aber die Gelehrten, ob Frostfutter aufgetaut und abgespült oder direkt gefroren ins Aquarium verfüttert werden soll. Grundsätzlich ist festzustellen, dass die Tauflüssigkeit des gefroren verfütterten Futters das Aquarienwasser belastet. Die Menge der vorhandenen Flüssigkeit ist abhängig von der Qualität des Frostfutters. Eine gute Frostfutterware beinhaltet ausschließlich die für den Verarbeitungsprozess benötigte Wassermenge. Dies ist zunächst aber nicht unbedingt zu erkennen. Deutlich wird dies, wenn Sie das Frostfutter in einem Sieb auftauen und die meist übel riechende Brühe auffangen.

Das Ausmaß der entstehenden Wasserbelastung durch die Tauflüssigkeit ist abhängig von der Wassermenge im Aquarium und der Größe der Futterstücke. Ich denke, unter Betrachtung einer gezielten, sparsamen Fütterung sowie den wöchentlich großzügig durchzuführenden Wasserwechseln ist der Belastungsgrad durch die Tauflüssigkeit eher zu vernachlässigen. Schädigungen bei den Fischen konnte ich nie feststellen, da sie ausschließlich angetaute Futtertiere fressen können.

Die Rinderherzfütterung

Obgleich Rinderherz nicht unbedingt zur artgerechten Ernährung der Diskus zählt und kontrovers diskutiert wird, kann ich durch eigene Versuche bestätigen, dass bei Diskus – unter gleichen Bedingungen aufgezogen – die mit Rinderherz-mischungen gefütterten Tiere deutlich besser wuchsen als andere. Die Tatsache, dass Rinderherz nicht ausschließlich (als Alleinfutter) verfüttert wird, dass dieses fast frei von Fett- und Bindegewebe ist, sich die Tiere seit Jahrzehnten fortpflanzen lässt für mich den Schluss zu, dass auch die Verdauungsenzyme mit dem

Muskelfleisch zurecht kommen. Rinderherz besteht aus ca. 11 Prozent Wasser, 70 Prozent Eiweiß (Proteine), 4 Prozent Fett, Vitamin B, P und Ionisit. Absolut sinnvoll sind zusätzliche Beigaben, wie z.B. Spirulinaalgen. Es handelt sich um Mikroalgen in pulverisierter Form. Ihre natürlichen Vorkommen sind die Sodaseen, tropische Gebiete wie Mexiko, Südamerika und Afrika mit Temperaturen von über 30 °C. Heute werden Spirulinaalgen in künstlichen Plantagen vor allem in Asien und den USA gezüchtet. Die Inhaltsstoffe von Spirulina sind Eiweiße (sehr gut verdauliche) mit allen essentiellen Aminosäuren, Spurenelementen, hier vor allem Zink und Eisen, essentielle Fettsäuren, Beta-Carotin, Chlorophyll sowie Phycocyanine zur Stärkung des Immunsystems.

Halbwüchsige Diskus-Nachzucht bei der Futteraufnahme.

Die von mir erprobte Mischung setzt sich wie folgt zusammen: 2 kg Rinderherz, welches vom Metzger gereinigt und in gulaschgroße Stücke zerschnitten wird, 2 kg Seelachsfilet, 1 kg Miesmuscheln. Das Seelachsfilet und die Miesmuscheln werden aufgetaut und gemeinsam mit dem Rinderherz einmal durch den Fleischwolf gedreht. Dieser Masse werden dann zwei rohe Eigelb, zwei gehäufte Esslöffel Spirulinapulver, zwei zerdrückte Knoblauchzehen, ein Esslöffel Paprikapulver und 500 g zerhackter Spinat, 150 ml FD-Krill, 20 Tropfen einer flüssigen Vitaminlösung sowie ein gehäufter Esslöffel eines Enzym-Fermentgetreidegranulates zugegeben. Nach gutem Durchmischen wird der Nahrungsbrei in Gefrierbeuteln zu 5 mm dicken Platten verpackt und eingefroren. Ein Bindemittel wie Agar-Agar oder Gelatine verwende ich nicht. Die Futtermischung hat in getrorenem Zustand bei der Verfütterung einen hohen Klebeeffekt und bleibt auch im Wasser fest zusammen.

Das Lebendfutter

Zunächst einmal ist das Tümpeln nach Lebendfutter zumeist verboten, da sehr viele Futtertiere zwischenzeitlich unter Naturschutz gestellt wurden. Zum anderen aber besteht die große Gefahr, durch die Futtertiere Parasiten einzuschleppen und seinen Diskusbestand zu infizieren. Dies gilt auch bei der Verfütterung von schwarzen Mückenlarven aus der eigenen Regentonne, da durch Vogelkot Krankheitserreger auf die Futtertiere übertragen werden können. Dennoch muss auf Lebendfutter nicht verzichtet werden. So ist es möglich, Enchyträen-, Grindaloder Artemiaansätze anzulegen, um diese lebend an die Tiere zu füttern. Bei Enchyträen (Enchytraeus albidus) handelt es sich um ca. 50 mm lange weiße Würmer. Ihre Farbe ist weiß bis gelblich. Enchyträen haben eine Lebenserwartung von ungefähr zwei bis neun Monaten und sind nach dem Schlupf innerhalb von zwei bis sieben Wochen geschlechtsreif. Ihre Kultur ist nicht besonders schwierig. Die früher üblichen Mischungen aus Erde, Sand und Torf-

Artemia salina. Die Nauplien können zu geschlechtsreifen Artemien herangezüchtet werden und sind ein optimales Lebendfutter.

Essigälchen aus eigener Zucht eignen sich auch für Diskusjungfische.

Curipera F1
Wildfangnach-
zuchten, 24
Monate alt.
Foto: „discus-
man" J. Schütz

anteilen können durch Pflanzengranulat aus Ton ersetzt werden. Der Enchyträenansatz muss ständig feucht (nicht nass) gehalten werden. Tongranulat hat zudem
den Vorteil, Feuchtigkeit gut zu speichern. Abgedunkelt an einem kühlen Platz im
Keller bei 10 bis 18 °C sind die Ansätze im Futter wenig wählerisch. Von einge-
weichten Brötchen über eingeweichte Haferflocken, eingeweichtes Hundetro-

ckenfutter oder auch Flockenfutter wird alles Organische gefressen. Die Fut-
termengen sollten jedoch nur so groß sein, dass diese täglich weggefressen
werden. Vorsicht bei der Schimmelbildung auf dem Futter. Die Enchyträen fressen
darunter zwar weiter, welche Stoffe jedoch aufgenommen und mit verfüttert
werden ist aber unklar. Schimmelbildungen sind zu unterbinden und zu ent-

fernen. Die Futterstelle deckt man mit einer Glasscheibe ab. Zur Verfütterung sind die Enchyträen einfach zu entnehmen. Betreiben Sie lediglich einen Enchyträenansatz, halten sich die Fütterungen mengenmäßig in Grenzen, sodass Verfettungen der Fische durch übermäßige Fütterung ausbleiben. Um ständig einen guten Vorrat zu haben, ist es sinnvoll, mindestens zwei Ansätze zu pflegen. Sollte es während der Kultur Probleme mit Milben geben, kann der Ansatz in einem Sieb unter Wasser gespült werden. Die Milben treten als Nahrungskonkurrent zu den Enchyträen auf und schädigen diese meist aber nicht. Einen gut funktionierenden Futteransatz können Sie während des Urlaubs problemlos bis zu vierzehn Tagen sich selber überlassen. Die Würmer erleiden keinen Schaden, lediglich deren Vermehrung wird sich reduzieren.

Als weiteres sehr gut verwendbares Lebendfutter ist die Aufzucht von Salinenkrebsen *(Artemia salina)* zu empfehlen. Als Erstfutter für die Fischbrut ist es aus der Fischzucht kaum wegzudenken. Die etwa 1 bis 1,5 cm groß werdenden *Artemia* gehören zu den Kleinkrebsen, der Klasse der *Anostraca* (Kiemenfußkrebse, Feenkrebse). Krebschen dieser Klasse haben ein stark gegliedertes Exoskelett aus mit Chitin verstärktem Eiweiß, keinen festen Körperschild aus diesem Material, wie z.B. Krebse ihn besitzen. Sie bestehen aus etwa 21 Prozent Wasser, 63 Prozent Eiweiß, 7 Prozent Fett, Vitamin C, A und sind reich an wertvollen Ballaststoffen. Interessant vor allem, dass Artemia aus Dauereiern selbst gezüchtet werden kann. Meist werden die frisch geschlüpften Nauplien an den Diskusnachwuchs verfüttert. Beschäftigt man sich mit der Artemia-Aufzucht, erhält man ein optimales Lebendfutter. Hierzu sollten Aufzuchtbehälter mit einer möglichst großen Oberfläche (gebrauchtes kleineres Aquarium) verwendet werden, um eine gute Sauerstoffgewährleistung sicherzustellen. Ein idealer Platz ist ein Fensterplatz mit Sonneneinstrahlung. Als Aufzuchtwasser der Artemien ist entsalztes Wasser in einer dreiprozentigen Lösung und einer Wassertemperatur von 25 bis 30 °C anzusetzen. Ein Absinken der Wassertemperatur bis 20 °C ist unbedenklich. Teilweise Wasserwechsel mit entsalztem Wasser sind ratsam, um ein Kippen des Wassers zu vermeiden. Eine leichte Belüftung des Wassers ist von Vorteil, um Schwebeteile und Algen in Bewegung zu halten. Zur Fütterung bietet der Fachhandel geeignete Flüssigpräparate, die gemäß Anweisung dosiert werden. Adulte Artemien überleben im Süßwasser etwa sechs Stunden und stehen den Fischen somit einige Zeit als Lebendfutter zur Verfügung.

Stolze türkis-
farbene Diskus-
eltern beim Füh-
ren des Nach-
wuchses. Die
Jungfische im
Alter von 10 Ta-
gen haben einen
engen Kontakt
zu den Alttieren
und werden mit
Artemia-Naupli-
en (an den
orangefarbenen
Bäuchen zu
erkennen) ge-
füttert.
Foto:
H.-G. Petersmann

Die Vergesellschaftung

Der blaue Antennenwels eignet sich als Beifisch zum Diskus.

Diskusbuntbarsche sollten ausschließlich mit ruhigen Zierfischen, die ähnliche Pflegansprüche an die Wasserbeschaffenheit stellen, vergesellschaftet werden. Hierzu eignen sich viele Salmler-, Wels- oder Zwergbuntbarscharten. Keinesfalls dürfen Sie die neuen Tiere, sehen sie auch noch so gesund und gut genährt aus, direkt in Ihr Diskusaquarium einsetzen. Dies wäre verantwortungslos, da das Risiko, mögliche Krankheitserreger einzuschleppen, groß ist. Das gilt auch für Wasserpflanzen, die nicht in Meristenkulturen gezüchtet wurden. Beides sollte erst in ein Quarantänebecken eingesetzt werden. Das Quarantänebecken muss selbstverständlich komplett mit eigenem Zubehör (Absaugschlauch, Eimer usw.) ausgestattet sein. Sinnvoll ist weiterhin eine räumliche Trennung dieses Beckens vom Diskusaquarium. Nach dem Einsetzen in das Quarantänebecken benötigen die Tiere zunächst einige Tage zur Eingewöhnung. In den

Der klassische Beifisch im Diskusbecken, Roter Neon.

Zwergbunt-
barsche eignen
sich paarweise
gut zur Ver-
gesellschaftung.

folgenden Tagen ist genaues Beobachten erforderlich, da bedingt durch das Fangen, den
Transport, die veränderten Wasserbedingungen
und das Umsetzen, das Immunsystem der Neu-
bewohner durch diese Stresssituationen geschwächt ist. Sind Krankheitserreger vorhanden, kommt es durch die Schwächung der Tiere
meist zum Ausbruch. Sind in den folgenden zwei Wochen keine Anzeichen zu erkennen, ist die Quarantänemaßnahme jedoch noch nicht beendet. Jetzt ist zu
prüfen, ob eine Infektion der neuen Insassen im Quarantänebecken vorliegt oder
nicht. Hierzu wird für die folgenden acht Wochen ein „Testdiskus" in das Quarantänebecken eingesetzt. Bei Testfischen handelt es sich um kleine bis halbwüchsige parasitenfreie Diskusnachzuchttiere mit Fehlbildungen im Flossen- oder
Kiemenbereich, wie sie in der Vermehrung gelegentlich auftreten. Hier gilt es
Rücksprache mit dem Züchter zu nehmen. Ebenso sollte diese Maßnahme sowie
die folgende Kontrolluntersuchung abgesprochen werden. An diesem Tier werden nach Ablauf der Quarantänemaßnahmen die Untersuchungen durchgeführt,
ob eine mögliche Parasiteninfektion vorliegt oder nicht. Selbstverständlich setzt
diese Untersuchung ein hohes Fachwissen im Erkennen parasitärer Infektionen
voraus. Wendet man sich zur Untersuchung an Institute, sollte im Voraus geklärt
werden, um Fehldiagnosen auszuschließen, ob entsprechende Erfahrungen in der
Fischparasitologie vorhanden sind. Werden bei der Untersuchung keine Parasiten
diagnostiziert, ist die Quarantäne zu Ende und die Fische können aus dem Quarantänebecken in das Diskusaquarium umziehen.

Garnelen eignen
sich auch zur
Vergesellschaf-
tung. Zu kleine
Exemplare
könnten die Dis-
kus jedoch als
Leckerbissen er-
kennen.
Foto: F. Biller

Der Diskuskauf

links:
Auch diese Skalare sind frei von Parasiten. Eine Vergesellschaftung mit Diskusbuntbarschen ist daher problemlos möglich. Krankheitserreger können nicht übertragen werden. Dieses Paar laichte schon mehrfach im Diskusbecken.

rechts:
Ich habe lange Jahre Kongosalmler mit Diskusfischen zusammen gepflegt und konnte nie feststellen, dass dies negative Auswirkungen hatte.

Um langfristig Freude an Diskus zu haben und das leidige Thema der Medikamentenbehandlungen zu vermeiden, ist es ratsam, parasitenfreie Diskusfische zu erwerben. Fragen Sie gezielt nach diesen Tieren. Die Farbe der Tiere richtet sich nach dem Geschmack des Pflegers. Diskusbuntbarsche müssen eine runde Form (wie das Sportgerät) aufweisen. Langgestreckte Formen und Tiere mit Deformationen im Kiemen-, Körper- und Flossenbereich sollten Sie nicht erwerben. Das Auge der Fische muss im Verhältnis zur Körpergröße klein sein. Kleine Tiere mit großen Augen sind alte Fische, die in ihrer Entwicklung oftmals zurückgeblieben sind. Das Auge muss klar, nicht milchig sein und muss einen goldenen Kranz um die Iris zeigen. Dunkel gefärbte Fische mit klemmenden Flossen oder stark atmende Tiere sind häufig von Parasiten infiziert und sollten nicht gekauft werden. Zum Besatz eines bepflanzten Diskusaquariums eignen sich am besten parasitenfreie Tiere in einer Größe ab acht Zentimetern. Für den Fachhandel ergeben sich hier aufgrund unterschiedlicher Umstände (hoher Zierfischdurchsatz, Zentralfilterung der Verkaufsanlage) besondere Probleme. Diskus, die Sie im Handel erwerben, sind oftmals mit Parasiten infiziert. Bei richtigem Verständnis für die Sache und der notwendigen Disziplin kann aber auch im Fachhandel das Risiko von Infektionen ausgeschlossen werden. Eine gute Diskusqualität spricht sich herum und kann den Umsatz steigern. Parasitenfreie Fische finden Sie aber auf jeden Fall bei vielen Hobbyzüchtern.

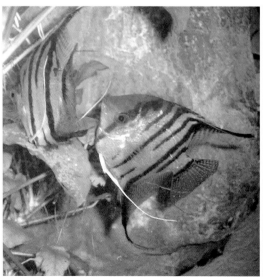

Die Zucht der Diskus

Zucht oder Vermehrung?

In allen Bereichen der Tierzucht wird versucht, bestimmte Merkmale durch gezielte Maßnahmen zu verbessern. Strengste Ausleseverfahren nach festgelegten Kriterien sowie das Beherrschen der Gesetze zur Vererbungslehre sind dabei vorteilhaft. Die züchterische Leistung wird aber weder an der Gesamtliterzahl der Zuchtanlage, noch an gewonnenen Pokalen bei Ausstellungen, sondern nur an der Qualität und den Merkmalen der gezüchteten Fische gemessen. Meist ist es so, dass Sie Fische aus einem Gelege erwerben, dabei handelt es sich um Geschwistertiere, die aufgezogen und geschlechtsreif werden. Da Diskusbuntbarsche erst mit einem Alter von etwa 14 Monaten zur Fortpflanzung kommen, ist ausreichender Platz, die Zeit und Geduld zur Aufzucht notwendig. Die Fische werden sich dann untereinander paaren und selber Nachwuchs bekommen. Das Verwandtschaftsverhältnis der Elterntiere, die unter Umständen ebenfalls aus einer Geschwisterpaarung stammen, bleibt oftmals ungeklärt oder gar unbekannt. Es kommt also zur Inzucht in der späteren Generation. Die Zucht von Diskusbuntbarschen gehört bekanntlich zu den interessantesten aber auch schwierigsten Aufgaben in der Süßwasseraquaristik, denen sich ein Aquarianer stellen kann. Darin liegt wohl der besondere Reiz dieser Aufgabe. Nur demjenigen, der die verschiedenen Grundvoraussetzungen wie beste Gesundheit der Zuchttiere, optimale Ernährung, bestes Zuchtwasser, Reduzierung von Stressfaktoren u.Ä. sicherstellt, wird mit Zuchterfolgen belohnt. Kenntnisse der Wasserchemie, der unterschiedlichen Zusammenhänge und Einflüsse, die diesen Gesetzen der Chemie unterliegen, gehören mit zur Grundvoraussetzung für den erwarteten späteren Zuchterfolg. Der Einsatz sinnvoller Technik, die sich ständig weiter entwickelt, sollte bei kritischer Prüfung in Betracht gezogen werden. Als absolut empfehlenswert ist das Studium richtiger Literatur, in der Zusammenhänge verständlich erklärt werden und weiterhelfen können. Entsprechende Hinweise hierzu finden Sie am Schluss dieses Buches.

Diskuskreuzung, wahrscheinlich Snake Skin. Zu erkennen an der feinen Kopfzeichnung und dem Flächentürkis.
Foto: F. Bitter

Schlagen Sie sich den Gedanken aus dem Kopf, mit der Nachzucht Geld zu verdienen. Selbst beim Betreiben einer Anlage von nur 2.000 Litern, fallen monatlich Kosten (Wasser, Heizung, Strom, Futter) in Höhe von ungefähr 100 € an. Lohn der Mühe und des Arbeitsaufwandes ist für den Züchter der erreichte Erfolg.

Das Ablaichen und die Entwicklung des Geleges

Ein erfolgrei ches Diskuspaar mit vielen Jung-fischen.
Foto:
H. G. Petersmann

Die Brutpflege wird von beiden Tieren als Elternfamilie betrieben. Dies bedeutet, dass sich beide Tiere um die Pflege kümmern. Voraussetzung ist die Wasser-

qualität, der Gesundheitszustand der Tiere, das entsprechende Alter und letztlich die Harmonie der Zuchttiere. Aus einer Gruppe geschlechtsreifer Tiere finden sich die Zuchttiere zusammen, sie werden sich von der Gruppe absondern und mit den diskustypischen Laichvorbereitungen beginnen. Die Paarung beginnt oftmals mit schnellem Nebeneinanderherschwimmen und dem so genannten Anschwimmen beider Partner. Hierbei schwimmen die Tiere aufeinander zu und verneigen sich unmittelbar bevor sie nebeneinander schwimmen. Des Weiteren suchen die Fische nach einer geeigneten Ablaichunterlage. Meist sind dies senkrechte Flächen von Dekorationsmaterial, Aquarienscheiben oder Pflanzenblätter. Aber auch an Regelheizern laichen die Tiere ab. Erste Anzeichen, dass in Kürze abgelaicht wird, ist das beiderseitige Zusammenstehen, welches dann mit ständigem Rütteln sowie teilweise heftigen Reinigungsattacken der ausgewählten Laichunterlage begleitet wird. Hierbei soll das Substrat von Schmutzpartikeln und Mikroorganismen gereinigt werden. Oftmals dauern diese Vorbereitungen mehrere Tage, ja werden sogar, wie ich auch schon beobachtete, plötzlich abgebrochen. Welche Ursachen hierfür verantwortlich sind, ist nach meinem Wissen nicht geklärt. Werden die Laichvorbereitungen weiter intensiv betrieben, erkennt man bei den weiblichen Diskusfischen das Hervortreten der Legeröhre, des verlängerten Eileiters, stumpf

Auch Zuchtaquarien brauchen nicht auf Pflanzen zu verzichten.
Foto:
H. Hieronimus

99

links:
Eine einfache
Möglichkeit
zum Erbrüten
der *Artemia*-
Nauplien. Es
handelt sich um
PE-Flaschen, bei
denen der Bo-
den abgetrennt
wurde. Am Fla-
schenhals wur-
den Entlee-
rungshähne
sowie die Luft-
zufuhr ange-
bracht.

rechts:
Luftbetriebener
Innenfilter zur
Filterung von
Zuchtbecken
optimal geeig-
net.

und ca. 5 mm lang. Da diese deutlich größer ausgebildet ist als die dünnere und spitzer ausgebildete Genitalpapille, der verlängerte Samenleiter des Männchens, sind die Geschlechter leicht zu unterscheiden. Jetzt beginnt auch das Probelaichen beider Tiere, bei dem es aber noch nicht zur Eiablage kommt. Der eigentliche Ablaichvorgang, meist in den Nachmittagsstunden, kann sich über mehrere Stunden hinziehen. In unzähligen Laichschüben werden die Eier in Schnüren von unten nach oben vom Weibchen an das Substrat geheftet und im besten Falle sofort vom Männchen befruchtet. Die Eier haben eine Größe von ca. 1,5 Millimetern Länge und einen Durchmesser von ca. 1,2 Millimetern und kleben mit ihrer Längsseite an der Laichunterlage fest. Die Mikrophyle, eine trichterförmige Eiöffnung, durch die der Zellkern durch das Spermium befruchtet wird, befindet sich immer an der Oberseite des Eis. Die Gelegegröße beträgt je nach Kondition der Tiere zwischen 150 und 300 Stück.

Die weitere Entwicklung des Geleges hängt nun von den Wasserparametern im Aquarium ab. Für die weitere Entwicklung ist ein mineralarmes, leicht saures Wasser mit geringer Bakteriendichte bzw. einer niedrigen Keimzahl sowie dem richti-

links:
Zuchttiere vom
Farbschlag
Rottürkis.

rechts:
Abgelaicht wird
an senkrechten
Flächen, das
kann auch ein
Ablaufrohr sein.

gen osmotischen Druck entscheidend. An einem einfachen Beispiel möchte ich den Umstand des osmotischen Druckes erläutern: Werden drei rohe Hühnereier in eine verdünnte Salzsäurelösung gelegt, löst sich die Kalkschale auf und es bleibt nur noch die Haut, die den Inhalt des Eis zusammen hält. Dies entspricht etwa der Situation eines Diskuseis. Legt man diese Eier in verschiedene Lösungen in reines Wasser (A), in eine 0,9-prozentige (B) und in eine gesättigte Kochsalzlösung (C) sind unterschiedliche Veränderungen zu beobachten. Was ist passiert? Ei A wird sich stark vergrößern, Ei B bleibt gleich groß und Ei C beginnt zu schrumpfen. Ei B blieb gleich groß, weil es sich nicht verändern konnte, da ein Flüssigkeitsaustausch aufgrund der osmotischern Druckverhältnisse nicht erfolgte. Bei Hühnereiern ist bekannt, dass das Innere des Eis in etwa einer 0,9-prozentigen Salzlösung entspricht. Die Zellhülle wirkt wie eine Membran,

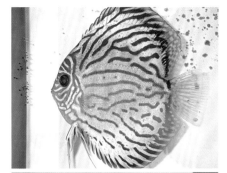

Auch wenige Larven werden von den Diskuseltern sorgsam bewacht. In manchen Fällen kommt es auch zum Fressen der Larven.

Eine gute Harmonie ist die Voraussetzung für einen erfolgreichen Zuchterfolg.

Abgelaicht wird immer im Wechsel, der Partner wartet in unmittelbarer Nähe. Foto: M. Borowski

durch die ein Flüssigkeitsaustausch stattfinden kann. Ist der Salzgehalt im Ei größer als im Umgebungswasser, verdünnt sich der Inhalt im Ei, indem er dem Wasser Flüssigkeit entzieht und quillt. Ist umgekehrt der Salzgehalt im Wasser größer als im Inneren des Eis, wird das Wasser dem Ei Flüssigkeit entziehen. Dies hat schädliche Auswirkungen auf die Entwicklung des Embryos.

Stimmen die Wasserwerte, beginnt unmittelbar nach der Befruchtung die Zellteilung und das Diskusei geht in ein Vielzellenstadium über; die Keimscheibe bildet sich. Jetzt kann man sehr gut beobachten, wie die Alttiere entweder beide oder im Wechsel mit ihren Brustflossen das Gelege befächeln. Sie schaufeln somit Wassermengen über das Gelege, um einen Sauerstoffmangel zu verhindern und zum Weiteren, um Schmutzpartikel und Mikroorganismen fern zu halten, welche sich

Zuchtwürfel
60 x 60 x 60 cm
aus der Anlage
des Autors.

Zuchttier mit
Jungfischen
im Alter von
fünf Tagen.
Foto:
M. Borowski

auf dem Gelege ablagern und diesem schaden könnten. Diese Eientwicklung wird von den Elterntieren genau beobachtet. In Abhängigkeit von der Wassertemperatur, ist etwa 24 Stunden nach der Befruchtung zu erkennen, ob die Umgebungseinflüsse die Entwicklung neuen Lebens zu lassen. Im negativen Fall sterben bereits jetzt auch befruchtete Eier des Geleges ab.

Relativ früh nach der Befruchtung ist erstes Leben im Diskusei zu erkennen. Die sich bildenden Embryos sind an ihrer Kopfverdickung und der Embryonalstange, dem späteren Schwanz, als dunkle Punkte im Ei zu erkennen. Nach etwa 52 Stunden wird der Embryo in der Eihülle deutlich lebendiger. Seine Körperbewegungen sind dann erkennbar. Während dieser Entwicklungsphase kann man während der Pflege der Alttiere beobachten, wie diese die Eier immer wieder mit dem Maul berühren, diese aber nicht fressen. Dieses Berühren des Geleges hat gemäß wissenschaftlichen Untersuchungen eine desinfizierende Wirkung durch Schleime. Weiße Eier, bei denen das Eiweiß koagulierte versuchen die Eltern allerdings zu entfernen, zu fressen. Dabei werden sicherlich auch sich bereits entwickelnde Eier mitgefressen. Fehlen die beschriebenen Gelegeentwicklungen mit ihren Signalen, werden die Eier von den Alttieren gefressen. Nach etwa 55 Stunden werden die Bewegungen des Embryos im Ei deutlich kräftiger. Nach weiteren fünf Stunden gelingt es dem Embryo, die Eischale zu sprengen und in den folgenden Stunden die gerissene Eihülle abzustreifen. Auch hierbei sind die Diskuseltern hilfreich, indem sie die Eihüllen ins Maul nehmen und die Embryos von der Eihülle befreien. Auch hier hat der Kontakt mit dem Maulschleim der Alttiere eine bakterienhemmende Wirkung. Die Larven werden von Haftdrüsen am Substrat gehalten und an geeigneten Stellen im Aquarium an vorher gereinigten Substraten umgebettet. Es handelt sich hier um eine Schutzfunktion der Natur, die Larven vor Fressfeinden schützen soll. Je nach Gelegegröße dauert dieser Vorgang mehrere Stunden. Kopf- und Analbereich und Embryonalstange werden weiter ausgebildet. Der Herzschlauch pumpt jetzt kraftvoll die Embryonalflüssigkeit durch die Larve. Auch jetzt kann es bei unpassenden Wasserwerten zum Absterben von Larven kommen. Bei optimalen Wasserverhältnissen entwickeln sich die Larven in den kommenden drei Tagen bis zum Freischwimmen. Ein weiterer wichtiger Schritt in der Entwicklung folgt. Die aufschwimmenden Larven benötigen in der natürlichen Aufzucht das früher beschriebene Hautsekret als erste Nahrung der Elterntiere. Wissenschaftliche Untersuchungen haben bewiesen, dass es sich aber um Milchzellen handelt, die in der Epidermis, der Oberhaut der Fische, gebildet wird. Es handelt sich um kleinste Partikel einer zähen Masse zwischen den Schuppen der Diskus, die der aufschwimmenden Brut als erste Nahrung dient. Diese Produktion ist bei den Elterntieren bereits während der Pflege des Geleges durch ihre dunkle Färbung zu erkennen. Genau diese Färbung scheint auch das optische Signal der freischwimmenden Larven zu sein, ihre Eltern anzuschwimmen und so zu finden. Trotzdem kann es hier oft zu Problemen kommen. Beide Alttiere versuchen jetzt, die ersten freischwimmenden Larven einzufangen und spucken diese wieder ans Substrat zurück. Hierbei kann es vor-

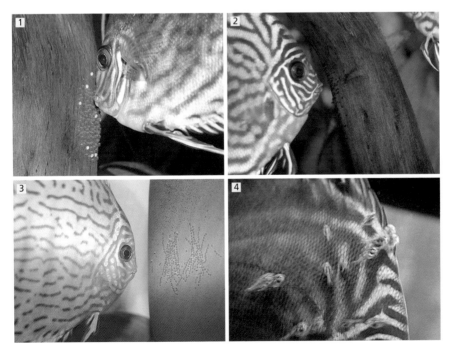

1 Immer wieder werden die Eier mit dem Maul berührt und es kommt zum Kontakt mit desinfizierenden Mundschleimen.
Foto: M. Borowski.

2 Die Elterntiere haben damit begonnen, die Larven aus den Eiern heraus zu kauen und betten die Larven um.
Foto: M. Borowski.

3 Das Gelege wird von den Elterntieren sorgsam beobachtet.

4 Gut zu erkennen: die prall gefüllten Bäuche der Jungfische, die ständig von der Oberhaut der Alttiere fressen.
Foto: M. Borowski.

links:
Freischwimmen-
de Jungfische
im Alter von
zwei Tagen.

rechts:
Auch beim
Betreuen des
Geleges wech-
seln sich beide
Elterntiere ab.
Foto:
M. Borowski

Braunes Zucht-
tier mit 14 Tage
alten Jung-
fischen.
Foto: S. Müller

kommen, dass gerade von unerfahrenen, jungen Paaren aber auch erfahrenen Zuchttieren die Larven gefressen werden. Von asiatischen Zuchtformen sind Probleme beim Anschwimmen bekannt, da hier die Schwarzzellen aufgrund der Farbe herausgezüchtet wurden und die Signalwirkung fehlt. Ich konnte oftmals beobachten, wie die Larven ziellos im Aquarium umherirrten und letztlich verhun-

gerten. Haben die Larven aber kurze Zeit Kontakt zu den Elterntieren, kann man davon ausgehen, dass diese entscheidende Hürde erfolgreich bewältigt wurde. Die Entwicklung der Larven läuft, immer vorausgesetzt die Wasserwerte entsprechen den Bedürfnissen, sehr schnell. Sehr gut ist die Entwicklung der Larven in den folgenden Tagen zu beobachten. Als erstes Zusatzfutter beginne ich bereits am dritten Tag nach dem Freischwimmen mehrmals täglich mit der Zufütterung von kleinen Portionen frisch geschlüpfter Salinenkrebse (*Artemia salina*). Zwischen den zappelnden Nauplien verfüttere ich auch

links:
Zuchttiere des
Farbschlags
Flächentürkis.

rechts:
Die Jungfische
werden von Tag
zu Tag selbst-
ständiger und
fressen unge-
fähr nach zehn
Tagen Futter
vom Boden.

dekapsulierte (entschalte) Artemiaeier, die einen sehr hohen Nährwert haben und so mit gefressen werden. Am zehnten Tag beginnen die Jungfische auch den Bodengrund nach Fressbarem abzusuchen. Die Jungfische sind in der Lage, weiteres Futter wie feines Rinderherz, gefrorene Artemia oder Futtertabletten zu bewältigen. Im Alter von ca. drei Wochen trenne ich die Jungfische von den Eltern. Während der starken Zufütterung der Jungfische sind häufigere Wasserwechsel mit aufbereitetem Wasser unbedingt durchzuführen, um der steigenden Wasserbelastung entgegenzuwirken. Sind die Alttiere mit Parasiten infiziert, kann es bereits in diesem Stadium durch Infektion der Larven zum Verlust ganzer Bruten kommen. Nachdem die Tiere elf bis zwölf Tage alt sind können sie Futtertabletten und fein geriebenes Rinderherz bewältigen. Die Alttiere zerreißen dabei das Rinderherz und spucken es zerkleinert wieder aus. Nach etwa drei Wochen trenne ich die Jungfische zur weiteren Aufzucht von den Alttieren. Auch in diesem Stadium versuchen die Jungfische gelegentlich immer noch bei den Alttieren den Nährschleim abzuweiden.

Diskus-NZ
mit Jungfischen.
Foto:
H. G. Petersmann

Die künstliche Aufzucht – ein Weg zu parasitenfreien Diskus

Um sich der leidigen Parasiten zu entledigen bietet die künstliche Aufzucht eine optimale Möglichkeit. Nach dem Ablaichen der Elterntiere wird das Gelege am folgenden Tag aus dem Aquarium entnommen. Der kurzzeitige Luftkontakt

Hier erkennt man den Aufbau des Aufzuchtbehälters. Die geschlüpften Larven werden mit einem handelsüblichen Ersatzfutter ernährt. Bereits am 3. Tag nach dem Schlupf der Diskuslarven werden Artemia Nauplien zugefüttert.

schadet dem Laich dabei nicht. Um mögliche Parasiten sicher abzutöten, wird das Gelege in einer Formalinlösung in einem gesonderten Behälter über 20 Minuten gespült und desinfiziert. Zum Spülen werden ein Milliliter 37-prozentiges Formalin auf zehn Liter Wasser gegeben. Hierzu wird neues Wasser – allen Werten des Zuchtwassers angepasst – in zwei Behältnissen vorbereitet. Verwenden Sie dazu keine Kunststoffbehälter, sondern Glasbecken. Der eine Behälter enthält die Desinfektionslösung, der andere dient zum Abspülen des Geleges nach dem Desinfizieren.

Zur weiteren Vorgehensweise empfiehlt sich die im Diskusjahrbuch 2004 beschriebene Methode von Horst Linke: „Die verwendete Emailleschüssel zur Aufzucht steht dabei zur Hälfte in einem kleinen Aquarium, in dem gleichzeitig das Wechselwasser beheizt und aufbereitet wird. Der um die Schüssel offen bleibende Teil des Aquariums wird abgedeckt, um Temperaturverluste auszugleichen. In der Nähe des Geleges sorgt eine schwache Durchlüftung für die erforderliche Wasserbewegung. Mit der Fütterung der Larven wird nach dem Aufschwimmen begonnen. Linke verwendet hierzu eine Pulvermischung der Marke OSI. Die Paste kann an den Schüsselrand oder auf schräg gestellte Unterlagen geschmiert werden. Tägliche kleine Teilwasserwechsel in der Aufzuchtschüssel halten die Belastung niedrig. Entstandener Aufwuchs am Schüsselrand wird von den Diskuslarven mit abgeweidet. Am dritten Tag nach dem Aufschwimmen wird begonnen, mit geschlüpften *Artemia salina* zu füttern. Das Aufzuchtfutter wird an den folgenden Tagen noch beibehalten aber reduziert. Ebenso wurden als Erstfutter auch gute Erfolge mit Flüssigaufzuchtfutter aus dem Fachhandel erzielt. Die Larven sind nach zehn Tagen groß genug, um in ein neues Aquarium umzuziehen. Bei der gesamten Aufzucht muss zur Vermeidung einer Reinfektion mit Parasiten der Kontakt mit fremdem Aquarienwasser und -zubehör unterbleiben."

Schlussbemerkung: Mein Diskuskeller

Meine Anlage ist im Keller des Hauses untergebracht. Nachdem ich früher lange Zeit meine Anlage mit einem Gesamtvolumen von etwa 2500 Litern über Zentralfilter mit zusätzlicher Denitrifikation betrieb, habe ich aus Kostengründen vor zwei Jahren auf Einzelfilterung aller Becken umgestellt. Im Keller stehen heute 14 Aquarien, die allerdings nicht immer alle in Betrieb sind. Zur Diskusvermehrung sind drei Becken jeweils mit einer Größe von 55 x 50 x 70 cm in Betrieb. Zur Aufzucht zwei Becken von 80 x 50 x 70 cm sowie ein Aquarium 180 x 55 x 70 cm. Sechs kleinere

Zuchtpaar vom Farbschlag Rottürkis, beide Tiere mit einer sehr bulligen Form.
Foto: S. Müller

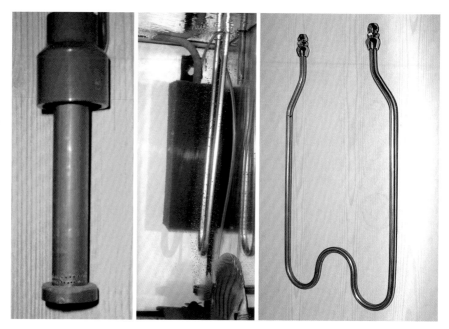

links: Zur Verdeutlichung wurde die Reduziermuffe hochgeschoben (im Betrieb bündig mit dem unteren Rohr) und man erkennt unten am Rohr ringsherum kleine Bohrungen, durch die sich die einströmende Luft hindurchpresst und das Wasser befördert.

Mitte: Die Beheizung erfolgt über in U-Form gebogene VA-Rohre, die an die Zentralheizung angeschlossen sind. Ein Luftauströmer sorgt für die notwendige Wärmeverteilung. Im Hintergrund ein luftbetriebener Schwammfilter.

rechts: Eine Heizschlange aus V2A- Stahl zur Beheizung des Aquarienwassers. Je mehr Windungen vorhanden sind, je größer ist die Kontaktzeit mit dem Aquarienwasser und umso besser ist die Wärmeausnutzung.

60-Liter-Aquarien sind in einer weiteren Stellage zur Vermehrung parasitenfreier Antennenwelse, Guppies und Zwergbuntbarschen aufgestellt. Zum Abschluss ein Aquarium 185 x 55 x 70 cm mit Rückwand und Pflanzen eingerichtet, besetzt mit Diskus und Skalaren. Hierbei handelt es sich um WF-Nachzuchten von Tieren aus dem Rio Tocantins-Gebiet. Die Filterung aller Aquarien, außer dem Pflanzenbecken, wird von luftbetriebenen Innenfiltern übernommen. Die Luftversorgung übernimmt ein Kompressor mit einer Luftleistung von 5.000 l/Stunde, der die Luft dann in eine Ringleitung fördert. Somit ist eine gute Luftversorgung aller angeschlossenen Filter gewährleistet.

Auf die verwendeten Schwammfilter möchte ich hier näher eingehen. Der eigentliche Clou der Schwammfilter ist deren Antrieb. Die wartungsarme dauerhaft gute Funktion gewährleisten ein Millimeter große Bohrungen im unteren Ende des Förderrohres. Über dieses Förderrohr schiebt sich ein Reduzierstück (oben passend im Durchschnitt des Förderrohres, unten entsprechend des nächst größeren Durchschnitts). Das Reduzierstück schließt unten bündig mit dem Förderrohr ab. Der offene Bereich des Reduzierstückes wird mit einem eingepassten Kunststoffstück verschlossen, sodass nur die Öffnung des Förderrohres offen bleibt. In das Reduzierstück wird nun ein Anschluss zum Aufstecken des Luftschlauches eingepasst. Die Luft wird in den entstehenden Hohlraum des Reduzierstückes gepresst und drückt sich durch die ein Millimeter-Bohrungen in das För-

derrohr. Aufgrund des kleinen Boh-
rungsdurchmessers entstehen fein per-
lende Luftblasen. Das Wasser wird nach
dem altbewährten Luftheberprinzip
von unten angesaugt und zum Auslauf
transportiert. Die Feinperligkeit der

Luftblasen garantiert einen nahezu geräuschlosen Betrieb mit einem schäu-
menden Wasserausstoß. Demzufolge sind laute Blubbergeräusche, es sei denn
der Schwamm ist verstopft und der Wasserdurchlauf wird behindert, nicht zu hö-
ren. Die Schwammfilterblöcke haben eine Größe von 10 x 10 x 30 cm, mit einer
bis ins untere Drittel reichenden 30 Millimeter großen Bohrung. Dieser Platz ist für
den Luftheber zum Ansaugen des Wassers erforderlich. Die Bohrung im
Schwamm wird oben mit einer Kunststoffkappe aus dem Abflussbereich (HT-Rohr,
Durchmesser 45 mm) verschlossen. In diese Kappe wird vorher das Förderrohr
stramm eingepasst. Somit ist der Luftheber in der Höhe verstellbar, was wiederum
den Vorteil bringt, sollte er sich im unteren Ansaugbereich zugesetzt haben, dass
das Förderrohr etwas höher gezogen werden kann und er geräuschlos weiter läuft.
Die Luftheber sind in unterschiedlichen Rohrdurchmessern erhältlich oder selbst
zu fertigen und eignen sich hervorragend zum Antrieb von Mattenfiltern. Ein Luftheber mit einem 16 Millimeter Förderrohr hat eine Förderleistung von
360 l/Stunde. Luftheber bis 20 Millimeter Durchmesser können mit Membranpumpen mit einer Leistung von 250 bis 300 Liter Luftleistung betrieben werden.

Installations-
zubehör zur
Beheizung.

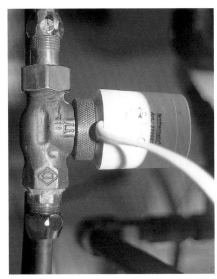

links:
Diskus-NZ im
Alter von neun
Tagen nach dem
Freischwimmen.
Deutlich sind
bei einigen Fi-
schen die mit
Artemia-Nau-
plien orange
gefüllten
Bäuche zu er-
kennen.

rechts:
Der aufgesetzte
Stellantrieb auf
dem Ventil.

Diese Pumpen haben einen Stromverbrauch von etwa 5 W/Stunde. Bei Mattenfiltern können auch mehrere Förderantriebe verwendet werden, um den Wasserdurchsatz zu erhöhen. Bei der Häufigkeit meiner durchgeführten Wasserwechsel konnte ich bis heute keine nachteiligen Auswirkungen feststellen. Die Nitratwerte des Zuchtwassers befinden sich, ermittelt mit Teststreifen, zwischen 10 und 20 mg/Liter. Die Erwärmung des Wassers erfolgt über die Zentralheizung.

Zuchtpaar aus der Anlage des Autors im Farbschlag Rottürkis.

Angeschlossen an der Warmwasserzirkulation der Zentralheizung ist dies eine wesentlich kostengünstigere Beheizung der Becken als mit elektrischen Regelheizern. In jedem Becken ist eine Heizschlange in U-Form aus Edelstahl in-

stalliert. Unter den VA-Heizschlangen befinden sich Luftausströmer, die eine gute Wärmeverteilung bei der Beheizung gewährleisten. Mit Absperrventilen ist jedes Becken einzeln abzusperren. Die Steuerung der Wassertemperatur übernimmt eine elektronische Regelung mit externen Unterwasserfühlern. Wird Wärme benötigt, steuert die Regelung einen Stellmotor an. Dieser Stellmotor wurde gegen das herkömmliche Oberteil eines normalen Heizkörperventils ausgetauscht. Der Stellmotor ist stromlos geschlossen und öffnet das Heizkörperventil bei Stromzufuhr durch die Steuerung. Aufgrund der unterschiedlichen Wasservolumen in den Aquarien sind die Heizungszuläufe einzelnen zu regulieren. Die Wassertemperaturen befinden sich zwischen 27 und 30 °C.

Das Zuchtwasser

Zur Aufbereitung meines Zuchtwassers steht ein Glasbehälter mit einem Fassungsvermögen von ungefähr 400 Litern zur Verfügung. Im Leitungswasserzulauf ist vor dem Vollentsalzer ein Aktivkohle-Blockfilter

Hilfreiche Technik unterstützt die Diskuspflege, hier pH-Meter, Temperaturmessgerät und Leitwertmesser.

vorgeschaltet. Im Aufbereitungsbehälter wird das Wasser verschnitten und mit Torfgranulat zur Anreicherung mit Humin- und Gerbstoffen weiter angesäuert, sodass sich folgende Werte ergeben: KH 1°dH, Leitwert 80 bis 100 µS, pH-Wert von 5,5 bis 6,0. Das Torfgranulat wird etwa nach vier Wochen ausgetauscht. Mehrmals täglich wird das Wasser im Aufbereitungsbehälter durch eine Pumpe, die auch zum Wechseln benutzt wird, intern umgewälzt. Gerade bei frisch angesetztem Wasser ist dies zum Austreiben von CO_2 zur pH-Wertstabilisierung wichtig. Zweimal wöchentlich wird etwa 1/3 des Beckenvolumens gewechselt.

Literaturhinweis:

Bremer, H., Aquarienfische gesund ernähren. Stuttgart 1997.

Horst, K. und H. E. Kipper, Das optimale Aquarium. Stuttgart 1992.

Krause, H.-J., Handbuch Aquarienwasser. Ruhmannsfelden 1998.

-, Handbuch Aquarientechnik. Ruhmannsfelden 2004.

Rahn, G., Diskus. Stuttgart 2002.

Teichfischer, B., Aquarien dekorativ bepflanzen. Ettlingen 1999.

Sander, M., Aquarientechnik. Stuttgart 1998.

Wermeyer, M., Zimmerpflanzen im und am Aquarium. DCG Info 3/2001.

Hilfreiche Internet-Seiten

www.aquanet.de

www.aqua-pflanzen.de

www.aquarientechnik-wilmer.de

www.dcg-online.de

www.deters-ing.de

www.discusman.de

www.diskusportal.de

www.easydiskus.de

www.home.vr-web.de/rahndiskus

www.maximal.de

www.perfect-discus.de

www.red.pearl.diskus.de

www.topdiskus.de

www.top-discus.com